海女文化

日韩海女与中国蜑民的渊源

李相海◎著

中国华侨出版社

海女采鲍的情景　日本三重县鸟羽市

海女采到的天然鲍鱼 日本三重县鸟羽市菅岛

制作干鲍　日本三重县鸟羽市国崎町

序 言

　　我离开故土已经 19 年了。至于离开我生长的那个小小的村庄就更加久远了。这些年来我一直想衣锦还乡，希望能够早一天回报父母的养育之恩，可是现在连自己的家人都难以养活。父亲早亡，母亲辛辛苦苦把我拉扯大，供我读大学，来日本自费留学的钱也是母亲用辛勤汗水换来的。日子过得好快，想做的事情一件也没做成。命运好像一直在捉弄人，绕来绕去，总是又回到原来的起点上。

　　起初，我与大多数人一样抱着淘金梦留学日本，经历了十几个工种的半工半读。为了维持生活和积攒学费，有时一天要打 3 份工，只要有坐下来的时间就想睡觉，醒来后却不知身在何处。于是常常扪心自问：我是谁，为什么要来这里忍气吞声，摧残自己，受罪又不讨好。这种留学生活持续了几年，后来混混沌沌地找了份工作，在满是噪音和污染的工厂里，说是翻译，其实是变相的打工。

　　2005 年末，我辞掉了工厂里的工作，辗转东京和上海，经历了半年多的漂泊后，又回到爱知县西尾市的一家汽车零配件制造厂里打零工。

　　我曾就读于东北师范大学（长春市）和日本三重大学（三重县），按照自己的学历和能力找一份文职工作应该不成问题，可是在他乡的路上一挫再挫，唯有的一点自信也被碾得粉碎。我在失意中彷徨，在愤懑中隐忍，在无数次的噩梦中呐喊。

　　2007 年 3 月，我摆脱了折磨人的苦役，来到了太平洋沿岸只有两万人口的三重县鸟羽市，开始在一家日式酒店里工作。当时的酒店老板考虑到，在不久的将来会有更多的港澳台同胞以及大陆的游客到日本旅游，期待我能从中起到桥梁作用。

鸟羽市位于日本最大的内湾伊势湾海口，与太平洋相接，是一处典型的靠海为生的古老渔乡。刚来鸟羽时，这个小城似乎只有我一个中国人。工作之余，常常驾着自己的老车一个人在志摩半岛周游。起初，只是漫不经心地在乡间穿梭，观赏日本人祖祖辈辈遗留下来的朴素信仰和形形色色的民间仪式。经过几年的耳濡目染，逐渐对日本的民俗文化和风土人情产生了兴趣。

2008年底，我设立了个人网站"中部华侨华人"，记录了一些当时日本中部地区华侨华人的活动，自己也写文章在网上发表。2010年6月我将网站名称变更为"日本纪行"，目的是把自己看到的异国文化介绍给广大的中国民众，做一个文化的传递者。为了做"日本纪行"，我走了很多地方，旅途遍及整个日本。从地图上看，日本面积并不大，可是当你围绕这个国度的风土文化奔走时，会惊异地发现它根本没有止境。

我一边工作，一边探访日本各地的民俗文化。"日本纪行"是我个人起头开始的，没有任何人的资助，路要自己跑，照片要自己拍，文章要自己写，网页要自己做。酒店的工资虽低，可是我不能没有那份工作。白天要上班，晚上和休息日常常在日本各地奔波。困了倦了就在车里打个盹儿，饿了就以面包充饥。这样的日子持续了几年后，我发现自己的行囊变得空空如也。微薄的工资、生活的窘困，加上工作带来的巨大压力，我的脚步不得不放缓，前方的路越走越窄。多年的旅日生活让我意识到日本是一个非常现实的国度，没有人会因为你做的事情有意义而伸出援手，大家只是冷眼旁观。我常常在失落中挣扎，在难以忍受的时候，只有反复默念着"阿弥陀佛"。

孤独的日子里，浩瀚的大海是我唯一的朋友。

清晨，站在鸟羽市的海湾可以观赏到太平洋上升起的太阳和来来往往的渔船。如果天气好的话，偶尔还可以看到两百公里外的富士山仿佛浮在海面上，那是海市蜃楼。对我来说它好像是忽隐忽现的希望一样填充着我内心的空旷。在靠近岸边的海水中，年迈的海女们用最原始的方式在波涛间作业，捕获海里的鱼贝。即使是冬天，刺骨的海风让每个人都打战的日子里，海女们也照常出海。我无数次看着她们在海中沉浮的身影，在人与自然、生与死的较量下，海女在我心中烙下了一个缥缈的、近似神圣的影像，一种我们只能驻足瞻仰而无法轻易靠近的原生态画面。

日本作为亚洲最东端的岛国，海洋文化鲜明可见。如果说富士山是这个国家的显在坐标，伊势神宫就是这个国度的隐性灵魂。岛国文化通常被认为是单一、排外、守旧。当我走进这个国度，年深日久，发现她像洄游的鱼儿，喜动、敏感、有序。其文化底蕴又仿佛附着在岩礁上的海贝，外表层层叠叠却包裹着细腻的内涵。

岛屿是海上的坐标。迁徙的候鸟万里迢迢、远渡重洋，小岛是它生灵的驿站。洄游的鱼、匍匐的贝，它们视岛礁为家。静水流深，游子远行，虚无缥缈。岛国人，临海而居，天长日久，像鸟像鱼。伴随着捕食环境的变化而迁徙游移，居无定所，喜欢无常。

日本先住民"海人"至今仍保留着古代海洋民族的某些特征。海人可以单纯地划分为海士（渔夫）和海女（渔女）。本书着重当代海女写实，透过她们阐释原生态文化在文明开化中逐渐消逝的现实以及亚洲海洋文化的亲缘性。

日本海女属于漂泊的水上族群，她们的生活方式直到 20 世纪 50 年代还处于近似原始的状态。她们的历史很少有人谱写，因为她们半裸着身体，依靠最原始的方式捕获鱼贝，生产方式极其落后，生活面貌从古至今没有太多变化。她们与韩国济州岛海女以及我国东南沿海一带的蜑民同属于被文明遗忘，被历史忽略的海上游牧民族。

我在异乡的海边常能看到以海为生的年迈海女，听见她们爽朗的谈笑声。每当看到她们被风吹日晒而变得黝黑的脸庞、倾听她们沧桑的故事时，就会联想起自己的母亲和久别的故乡。在不知不觉中，她们成了我心灵的安定剂，给了我克服困难的勇气。故乡其实并不遥远，她一直在我心里，与大海与祖先融为一体。

目录

第一章　海女与蜑民

1　邂逅海女

　　鸟羽市位于日本三重县志摩半岛东北部，西邻伊势市，南邻志摩市，北接伊势湾，东临太平洋。这里岛屿众多，海岸线绵长，人们生活在山海之间。

太阳包裹的神岛

鸟羽市周边有一些孤岛，其中的一座叫神岛，从鸟羽市乘船大概需要30分钟。神岛本来属于无名的小岛，过去曾是流人之岛，又称志摩八丈。日本伊豆群岛中有一处八丈岛，曾经是流人之岛。流人在日本有双重含义，一是指流浪之人，二是指被流放的罪人。日本的流人大多是身份显贵的政治犯或者是对朝政不满的知识阶层。神岛居民不足500人，信仰极其虔诚，单从文化的层面上来看，可以说是日本的一个小小缩影。

日本作家三岛由纪夫（1925－1970）曾写了一部纯恋小说《潮骚》。小说中描绘的"歌岛"就是鸟羽市的神岛。《潮骚》被搬上屏幕后，这个原本无名的小岛开始在整个日本家喻户晓。

2008年10月5日，我第一次踏上神岛，走访了影片《潮骚》的拍摄景地。岛上的八代神社祭祀的海神叫绵津见命，是当地的渔民祭拜祖先、祈祷渔业丰收和海上安全的土地庙。神社位于山坡之上，共有214段长满青苔的石阶。神社的入口摆放着两块狛犬（类似中国的石狮子像）。张嘴的叫阿像，闭嘴的叫吽像，在梵文中表示呼吸、生死、阴阳等含义。从神社继续往上走，就是神岛灯台。

灯台处向来访的游客展示着《潮骚》影片中一些珍贵的照片。当我看到日本影星山口百惠身穿白色海女服的照片时，眼前顿时一亮。20世纪80年代初，黑白电视机刚刚进入千家万户时，日本电视连续剧《血疑》以及扮演幸子的山口百惠，像一股飓风一样席卷了大江南北。看着墙上的海女照片，我想起了童年，想起了那个不使用化肥种地、蜻蜓满天飞、家雀天天叫的朴素年代。眼前的小岛忽然间变得亲切起来，我和神岛的缘分由此开始。

祖上留下来的传统文化是顺应自然，不与自然抗争的文化。越是偏僻保守的地方，这种文化就保留得越完整。可是想要融入这种环境并不是一件容易的事，需要持有一份忍耐和敬畏之心，尤其是一个外人，或是外族。近代化尽管驱逐了古老和野蛮，但是文明又带给了我们什么呢？人本主义主张合理化、数据化和可视化。看不见的就容易

乘船出海的海女们　日本三重县鸟羽市

被忽略或淘汰。老子在《道德经》中说："天下萬物生於有，有生於無。"万物都是从无到有，从有归无。看不见不等于无，看得见不等于有。常听人说："现实一点儿吧！"如果现实只是强调物欲，那是一个冷酷无情的世界。世界不仅是人类生存的空间，自然如果一味地被践踏，人类最终也会遭到自然的遗弃。因为人与其他生灵一样，生于自然，归于自然。

2009年10月24日，我第二次参加了周游影片《潮骚》景地之旅。印象最深的是神岛居民敲着太鼓欢迎我们这些外来人的情形。神岛四面环海，太鼓的声音仿佛是海上传来的涛声，时而平静，时而激荡，高潮时如巨浪滔天，震撼人心。

在周游神岛的过程中，我偶然遇到了正在迁徙的青斑蝶。青斑蝶是一种巨型蝴蝶，它随着季节风往返于日本、冲绳与台湾之间，飞行距离长达两千多公里。对于青斑蝶来说，它不知道国与国之间的界线，就像海里的洄游鱼一样，随着季节南北移动。春天，它顺着东南风向北飞，在日本列岛的高山上避暑；秋天，又顺着西北风向南移。它那美丽而纤弱的翅膀如果没有灌注视死如归的灵魂怎能飞得那么遥远？我感叹这小小的生命，自愧不如！

2009 年 12 月 31 日，也就是这一年的最后一天，我第三次踏上神岛。这次是为了观看每年元旦清晨举行的"迎旦祭"。顾名思义，迎接新年初升的太阳意味着辞旧迎新，岛上人期盼新的一年能有一个好的兆头。

2010 年 6 月 10 日，我第五次来到神岛，次日观看了岛上一年一度的传统采鲍节（详见第二章）。这是我走进海女世界的第一步。从此，我便开始利用业余时间采访并拍摄志摩半岛的海女。

2014 年 10 月 11 日，我参加了志摩市大王町海边举行的海女摄影会。大王町海岸位于志摩半岛的东南端，是优良的天然港湾，这里的生态环境保持得良好，到了夏天，这里是孩子们嬉戏游乐的海水浴场。每年参加海女摄影会的摄影爱好者众多，可是外国人却寥寥无几，今年只有我一个人。充当摄影模特的是两名 70 岁高龄的志摩市海女，据说她们有 50 年以上的海女职历。摄影爱好者们拥挤在沙滩上，变换着各种角度和姿势拍摄两名老海女，这给寂静的海岸增添了一份活力。

日本正面临高龄少子化的社会问题，渔乡的风情已经失去了往日的生机。50 年前，渔村的女儿中学一毕业就很自然地选择当海女。可现在的高中生不管学习好坏，都进入城市里读大学，海女的继承人变得越来越少。社会在不断地向前发展，环境却不断地被破坏。上一代的努力换来下一代的舒适，质朴的生活已经无法满足人们日益增长的欲望。

透过镜头，老海女长年被阳光暴晒的紫铜色皮肤和布满皱纹的脸，仿佛在诉说着岁月的无情和人生的苦涩。我无言地站在海边，看着潮起潮落，一种莫名的感伤涌上心头，我想起了 10 年未见的母亲。自从来日本留学、打工、奋斗、漂泊，后来又专注于日本的民俗文化，我牺牲了家庭，忘却了故乡。眼前的老海女忽然和辛苦一生的母亲的样子重叠在一起，我伤心至极。晚上回到家里，开始整理有关海女的资

志摩海女

料，决定将几年来记录的海女们的生活和被社会冷落的原生态文化编辑成书，让更多的人知道海女的存在，了解她们不平凡的一生。

2015 年 3 月 29 日，我的第一部随笔《現代の海女》在日本问世。第二天（3 月 30 日），我便乘坐飞机前往韩国济州岛，在济州国际机场与母亲久别重逢，苦涩与欣喜难以言表。在济州岛度过的 4 天里，我有幸又遇到了许多济州岛海女。晚上和母亲促膝谈心，相互落泪。来日本这么多年，钱没赚到，在忍受诸多歧视和不公之下，我获得了许多的精神财富。母亲谅解了我，并鼓励我说："想做的事就做到底吧。"

2 海女与蜑民

海女是生活在陆地与海洋之间的特殊群体。她们是古代海洋族群的后裔，属于潜水渔猎民族。她们的历史如同人类诞生一样悠久。这一族群靠海为生，徒手潜入海中捕捞海草、鲍鱼、海螺、海参、海胆、海蛎等名贵的天然海产，现在依然保留着原始的潜水渔猎方式。

日本属于岛国。过去在海边生活的原始族群叫海人或海部，他们不分男女，个个赤裸着上身，在海边或木船上度过漂泊荡漾的一生。翻开 100 年前的日本古书，海女原来被称作"蜑""蜑女""蜑妇""潜女""潜妇""海人""白水郎""泉郎"等。

海女一词是近代社会对她们的称呼。单从日本三重县报刊《伊势新闻》来看，"海女"一词最早出现在《伊势新闻》1902 年 9 月的一篇报道中 [①]。因为对海女感兴趣，最初我买了一本《志摩の海女》，著者是三重县鸟羽市出生的岩田準一（1900－1945）。这本书的第一版叫《志摩の蜑女》。日本的书籍越古老，出现的古汉字越多。为了一查究竟，我开始在网上和书籍中寻找"蜑"字的渊源。

---

① 三重大学教授塚本明撰《『伊勢新聞』に見る近代の志摩海女：明治・大正期の「海女」の諸相》

蜑，《说文》南方夷也。同蛋、疍、诞。

蜑是古代对水上居民的一种蔑称。为了见证这一族群的渊源，称呼不做修改。历史往往通过某一点连成线，再拓展成面。就"蜑"一字，历史脉络清晰可见，即使漂洋过海，它的本质依然没变。

蜑（疍）民，是指广东、广西、福建、海南和江浙一带，以舟为家的渔民。蜑民，在早期文献中又称游艇子、白水郎、蜑等。主流观点认为蜑民源于古代的百越。在历史上，他们一直是被压迫者，只准在水上生活，不准在陆地定居，不准读书、识字、应考、做官等。

蜑民信仰龙蛇，喜欢文身，裸足，脚穿木屐。蜑人常年生活在水上，擅长捕鱼、潜水采珠、制盐、运输，过着漂泊不定的生活。使用语言主要为粤语和福建方言。他们喜欢唱渔歌（如蜑歌、咸水歌、后船歌、木鱼歌、龙舟歌等），信仰佛教、道教、鬼神和巫俗，具有独特的生活习俗。20世纪50年代，新中国成立后，蜑民从船居逐步开始上陆定居，蜑民文化逐渐消失。

有关水上居民蜑、蜑或白水郎，历史上早有记载。

南朝刘宋时的范晔（398-445）著《后汉书·南蛮西南夷列传》注引《世本》曰："廪君之先，故出巫诞。"其中"诞"指族名，同蜑。《后汉书》是记载东汉时期的历史书，由此可见，蜑民的足迹可以推溯到汉代。

东晋史学家常璩（约291-361）所撰的《华阳国志》是中国现存最早、最完整的一部介绍西南地区的历史典籍。其中《卷一、巴志》记载："汉发县有盐井。诸县北有獽、蜑、又有蟾夷也。"说明当时"蜑"已经是被广泛认可的族群。

唐朝诗人元稹（779-831）作《送岭南崔侍御》中有一句"黄家贼用镖刀利，白水郎行旱地稀"。白水郎又称泉郎，主要指泉州一带的蜑民。

北宋乐史（930-1007）编著《太平寰宇记》（岭南道一、广州）载："蜑户，县所管。生在江海，居于舟船，随潮而来，捕鱼为业。若居平陆，死亡即多。似江东曰白水郎也。"这是对蜑民的真实写照。蜑户或白水郎虽然称呼不同，但都属于水上居民。

宋朝文学家苏轼于绍圣元年（1094）流落惠州时创作了一首诗叫《十一月二十六日松风亭下梅花盛开》。诗中描述"春风岭上淮南村，昔年梅花曾断魂。岂知流落复相见，蛮风蜑雨愁黄昏"。从诗文中便可以知道，当时惠州生活着以舟为家、以捕鱼为生的漂泊蜑民。蛮风蜑雨又暗喻海上吹来的风暴。

南宋地理学家周去非（约1134－1189）著《岭外代答》是研究宋代岭南社会的重要文献。《卷三、蜑蛮》记载："以舟为室，视水如陆，浮生江海者，蜑也。钦之蜑有三：一为鱼蜑，善举网垂纶；二为蚝蜑，善没海取蚝；三为木蜑，善伐山取材。凡蜑极贫，衣皆鹑结。"如文所述，宋代岭南蜑民的主要生活方式是撒网捕鱼，潜水捕贝和上山砍柴。蜑民们过着衣不遮体，极为贫苦的日子。

元末明初的文史学家陶宗仪（1329－约1412）撰《辍耕录》（卷十）载："乌蜑户广东采珠之人，悬絚于腰，沉入海中，良久得珠，撼其絚，舶上人挈出之，葬于鼋鼍蛟龙之腹者，比比有焉。有司名曰乌蜑户。蜑，音但。"当时的广东采珠之人又称乌蜑户。乌指黑。蜑户鹑衣百结，长年生活在海河之上，依靠悬绳采珠，捕鱼为生。葬身于鲨鱼鳄鱼口中的人比比皆是，可见蜑户命运的凄苦。

元末明初的政治家刘基（1311－1375）在寓意文明之著《郁离子》（九难）中记载："蜑艇蛮舠，出没风涛，罔鲖鰶，曳鲤鲢，举赤鱬，络氏人……"文中栩栩如生地描绘了蜑人驰骋于江海的情景。

叶子奇（约1327－1390）撰《草木子》（明）载："南海时有海人出。形如僧。人颇小。登舟而坐。至则戒舟人寂然不动。少顷复沉水。否则大风翻舟。""石决明。海中大螺也。生於南海崖石之上。海人泅水取之。乘其不知。用手一捞则得。苟其觉知。虽用斧凿。亦不脱矣。"不难看出，善于泅水采鲍（石决明）的海人就是指蜑民。

《三才图会》（1609）是明朝王圻·王思义撰写的图书类百科事典。本书《人物、十三卷》中载："蜑三蛮以舟为室 蜑有三 一为鱼蜑 善举

蜑三蜑以舟為室 蜑有三一為魚蜑 善舉竿垂綸二為 蠔蜑善沒海取蠔 三為木蜑善伐木 取果蜑極貧皆鶉 衣得物米妻子共 之冬夏身無一縷 然而各有統焉

《三才图会》描绘的蜑人

竿垂纶 二为蠔蜑 善没海取蠔 三为木蜑 善伐木取果 蜑极贫皆鹑衣 得物
米妻子共之 冬夏身无一缕 然而各有统焉"。文中，蜑同蜑。鱼蜑和蠔
蜑是指水上居民。关于木蜑，我认为是畲人。蜑民散居在海上或沿海
一带，以血缘关系为纽带，过着极贫的生活。

清朝屈大均（1630—1696）撰《广东新语》（第二十二卷鳞语）
载："南海。龙之都会。古时入水采珠贝者。皆绣身面为龙了。使龙以
为己类不吞噬。在今日人与龙益习。诸龙户率视之为螺蜑矣。"蜑人又
称龙户，他们信仰龙蛇，有文身的习俗。

清朝阮葵生著《茶余客话》（1771年）卷二十载："淡菜，即蚌肉
也，始于蜑户多食之，遂讹为淡。"淡菜是贻贝的干制品，营养丰富，
是驰名中外的海产食品之一。可见，水上居民蜑户在饮食文化上的也
有一番作为。

清末民初的徐珂（1869—1928）编撰《清稗类钞》（种族类）载：

"蜑人，惟闽、粤有之，俗呼为曲蹄，以其常处舟中，曲其膝，故以名状之也。"蜑人又称曲蹄，含有贬义。

日本海洋学博士羽原又吉（1882－1969）在他的著作《漂海民》中提及我国南方的水上生活者蜑民和日本过去曾经存在的船上居民以及东南亚等地的渔民。他在书中写道："这些生活在船上的居民散居在各地，在一年当中的重要节日时才聚会，然后又恢复到小集团在海中漂散。他们以家族为最小的单位，父子孙三代都是从海上出生，在漂泊荡漾的船上度过一生，这些人就是漂海民。"在提到珠江流域的蜑民时，文中写道："蜑字源于唐代，唐代以前使用蜑字，再以前使用诞字。近年又写成疍字，意思相同。"作者引用中国古代书籍对蜑民的考察比较缜密。他又介绍中国近代的蜑民研究家陈序经（1903－1967）对蜑民的描述。文中说："80多岁的老妇人穿着破旧不堪的衣服是年轻时的嫁妆。蛋家婆一生中能穿的衣服依旧是结婚时的那件嫁妆。（日文译）"可想而知，过去的蜑民生活有多么贫困。风雨严寒中，她们

临海而居的渔村－伊根舟屋　日本京都府与谢郡伊根町

生活得苦涩辛酸，惨不忍睹。我虽然没有读过陈序经写的《蜑民的研究》，可是借助羽原又吉著《漂海民》了解到漂泊海民的苦难一生。正如一首民谣所唱："一条破船挂破网，长年累月漂江上。斤两鱼虾换糠菜，祖孙三代住一舱"。

蜑民以海为田，以船为家，脚踩木舟，生生世世如海上的浮萍。蜑民由于世代生活在低矮的船舱里，屈膝裸足，久而久之形成腿部弯曲，贬称曲蹄（罗圈腿）。我在日本生活了十几年，看惯了日本人的罗圈腿，海边的渔夫海女更是罗圈腿居多。我在韩国济州岛看到的一些年迈海女也是罗圈腿，这一身体特征很可能是古代海洋民族遗留下来的共通特征。

一首带有讽刺的打油诗写道："曲蹄、曲蹄，风吹颤栗，衣不遮体，一日三餐半饱半饥。"这足以见证他们的悲惨命运。他们在海上乘风破浪，追鱼撒网，可是却无法上岸立足。

传统的日本人家基本都要脱鞋进屋，起居坐卧都在榻榻米（灯芯草编织的草席）上。榻榻米属于席居文化。远古人类席地而坐、择地而卧的生活方式称为"席居"。上至天子下到黎民百姓均坐在席上没有区分。日本旅馆里的晚宴（和宴）基本沿袭传统的席居方式，人们身穿浴衣，赤脚跪坐或盘腿坐在榻榻米上共饮共食，酒过三巡，开始载歌载舞。另外，日本的跪、拜、匍匐等原始祭拜活动也与席居文化密不可分。据百度百科介绍，席居文化起源于百越族，是中华的原生文化，是东亚文明的古老源泉。日本的和室、韩国的韩室、中国少数民族及东南亚等地保留的部分席居传统都是中国古代席居制度的直接传承。

百越族的住居形态主要是干栏式建筑，又称吊脚楼。干栏式建筑主要分布在中国东南一带，以竹木为主要材料。家居是两层建筑，下层放养家畜和生活杂物，上层住人。这种简陋的古代建筑适合雨水多、空气潮湿的地方。堪称"神明造"的日本皇家祖庙"伊势神宫"就属于干栏式建筑（日本称"高床式住居"）。

伊势神宫里的干栏式建筑

　　"台湾中央研究院"研究员陈仲玉教授在其论文《谈马祖列岛的"曲蹄"族》的结语中写道："自上古以来,由于陆、海文化的差异,内陆文化的族群逐渐发展成邦国文明。那些海洋文化的族群则志在海外,或到他乡求生存。尤其是在华南沿海的族群更扩散到泛太平洋与印度洋诸地,如南岛语族的例。"文章末尾写道："我们要问保有这些文化的人是谁? 他们必定是分布在闽江流域的古越族。"所谓"南岛语系"包括菲律宾、马来西亚、印尼、马达加斯加和中国台湾等国家和地区的语种。

　　台湾东南部有一处小岛叫兰屿,岛上的原住民达悟族(岛民自称Tao,意为"人")属于海上原居民。几十年前,岛上人几乎赤身裸体,他们生活在干栏式建筑里,男人善于潜水捕鱼,每次潜水时间可长达3分钟,习惯生吃鱼肉。听台湾友人说,每年春天是捕获飞鱼的旺季,岛上举行的"飞鱼祭"非常有名,男人身穿丁字裤和日本的裸祭非常相似。据《海女－中村由信写真集》介绍,台湾达悟族的潜水捕鱼方式与冲绳海人的潜水捕鱼方式非常相似。

日本民俗学家古川健一（1921－2013）在他的著作《古代海人の世界》中写道："中国泉州的海人断发文身，潜水捕鱼。因此将'泉'字一分为二，称作白水，又叫白水郎。"泉州是指福建省泉州市，古为"海上丝绸之路"的起点，并与台湾隔海相望。泉州作为闽南文化的发源地，春秋末期至战国初期属于越国。

广州大学旅游学院副教授吴水田在他所著的《话说疍民文化》中写道："在我国的广东、福建、广西等南部沿海及一些河流地带，有这么一群人，他们世代以船为家、以水为生计，这些生活在水上的人在旧社会被称为疍民、疍家，历史上还有蜑、疍户、蜒、蜑人、白水郎等不同的称呼……早期疍民的祖先以百越民族为主。"

3　日本海人略记

日本四面环海，属于海洋民族。

有关日本海人的最早文献记载是西晋陈寿（233－297）著《三国志》中的《魏书·倭人传》，日本通称《魏志倭人传》。文中记载："又渡一海，千余里至末卢国，有四千余户，滨山海居，草木茂盛，行不见前人。好捕鱼鳆，水无深浅，皆沉没取之。……男子无大小皆黥面文身。自古以来，其使诣中国，皆自称大夫。夏后少康之子封于会稽，断发文身以避蛟龙之害。今倭水人好沉没捕鱼蛤，文身亦以厌大鱼水禽，后稍以为饰。诸国文身各异，或左或右，或大或小，尊卑有差。"

"末卢国"是指现在的日本九州佐贺县唐津市一带。用白话文说就是，末卢国有四千多户人家居住在依山傍海之地，草木繁茂，看不到前行的人。人们喜好捕鱼鲍（鳆），不管水深水浅，大家都潜水捕猎。……这里的男人不分长幼，脸上身上都有文身。自古以来，朝拜中国的使者，都自称为大夫。夏朝第六代君主少康将其庶子无余（越国第一代君主）封于会稽（浙江省绍兴市一带），为了躲避蛟龙之害，他也断发文身，与当地土著融合。现在倭国海人好没入水中捕鱼蛤，文身以防止大鱼和水禽的侵扰，后来又成为一种装饰。各国的文身各有不同，或左或右、或大或小，是有等级之分的。

"黥面"是指中国古代的一种刑罚，在犯人的脸上或额头上刺字或图案，再染上墨，作为受刑人的标志。"文身"又被认为是中国古代水上民族的一种习俗。《淮南子·原道训》载："九疑之南，陆事寡而水事众，于是民人被发文身，以像鳞虫。"可以理解为，九嶷山以南的越国民众从事陆地的活少而从事水中的活多，所以这里的人们披发文身，模仿蛟龙形象。

文中提及，古时日本曾有100多个小国，早在汉代就有朝觐者，派使节往来的有30个国家。可见当时的日本小国林立，各据一方。因为当时日本还没出现文字历史，想要了解古代日本的一些史实，很大程度需要借助《三国志》等中国古典文献。

浙江省绍兴市会稽山是中国古代与"五岳"齐名的"五镇"之一，具有传奇性色彩。《史记》（卷二）载："禹会诸侯江南，计功而崩，因葬焉，命曰会稽。会稽者，会计也。"会稽也就是今天的会计之意。历史上的吴越争霸、会稽之耻、卧薪尝胆是人们比较熟悉的历史。会稽不仅是祭祀夏禹的地方，也是越国的开国都城。越王勾践忍辱负重，最后打败吴王夫差，收回了故土，成为佳话。历史名人秦始皇、王羲之、葛洪等都在会稽山留下了足迹。

金履祥（1232－1303）在他所著的《资治通鉴前编》（宋）卷十八中写道："吴自太伯至夫差二十五世今日本国亦云吴太伯之后盖吴亡其子孙支庶入海为倭也。"大意是吴国从第一代君主太伯（又称泰伯）到吴王夫差经历了25个朝代。今天的日本就是太伯之后。因为吴国灭亡，其子孙支系入海为倭。如此可见，历史上的吴越与早期日本（倭国）有着诸多的渊源。

日本有文字记载的历史是从奈良时代（710年－794年）开始的。

日本最古老的历史书（包括创世神话）分别是《古事記》（712

年）和《日本書紀》（720 年）。

《日本書紀》卷第十三记载了关于白水郎（同蜑人）采珠的事迹。据我所知，这是日本历史上最早记录蜑人的史实。

十四年秋九月癸丑朔甲子 天皇獵于淡路嶋。

時麋鹿爰，猪，莫々紛々盈于山谷、焱起蠅散、然終日以不獲一獸。於是、獵止以更卜矣、嶋神崇之曰「不得獸者、是我之心也。赤石海底有眞珠、其珠祠於我則悉當得獸。」爰更集處々之白水郎以令探赤石海底、海深不能至底。

唯有一海人曰男狹磯、是阿波國長邑之海人也。

勝於諸白水郎也、是腰繫繩入海底、差須臾之出曰「於海底有大蝮、其處光也。」諸人皆曰「嶋神所請之珠、殆有是蝮腹乎。」亦入而探之。

爰男狹磯、抱大蝮而泛出之、乃息絶、以死浪上。既而、下繩測海深、六十尋。則割蝮、實眞珠有腹中、其大如桃子。乃祠嶋神而獵之、多獲獸也。

蜑人男狹矶之墓

唯悲男狭磯入海死之、则作墓厚葬、其墓猶今存之。

【简译】第十九代允恭天皇于公元 425 年 9 月，在淡路岛狩猎。

山兽虽多，收获甚微，便作占卜。岛神（巫人）说：捕获不到猎物，是没有得到我的欢心。赤石海底有珍珠，把它供奉给我便会让你狩猎有成。于是，天皇便召集各地海女（白水郎）潜水探寻。大海纵深，无人可以潜入海底。

唯有阿波国长邑（德岛县鸣门市里浦町），一名叫男狭矶的海女，腰系命绳，潜入海底采到一只大鲍，浮出水面时人已经气绝。大鲍腹里果真发现一颗像桃子般大的珍珠。珍珠供奉给岛神后，人们捕获了大量的野兽。

天皇怜悯男狭矶入海而死，便制墓厚葬，永作流传。

德岛县鸣门市里浦町的十二神社里至今祭奠着一名为天皇采珠而死的名叫男狭矶的海女。据说，神社里的蜑井碑上记载着男狭矶的事迹。如果属实，白水郎早在奈良时代以前就是日本的先住民。凡事应以眼见为实。

里浦蜑井碑

2016 年 3 月 31 日，我便走访了位于德岛县鸣门市里浦町的十二神社。

十二神社位于里浦町村落深处。神社里空无一人，落叶铺满一地，正殿的右方有一处小祠堂。从左至右分别是"蜑の男狭礒墓""里浦蜑井碑""蜑井"。当我聚精会神地观看祠堂里的古老遗迹时，有一位老婆婆悄悄走了过来。她问我，是研究历史（蜑人文化）的吗？我说是。我顺便向她询问：蜑井碑以前就有吗？鲍鱼壳过去就挂在这里吗？老人说：过去就有，看那鲍鱼壳有多古老。我与老婆婆寒暄了几句之后，老人拿着放在墙角的扫帚开始清扫境内的落叶。在日本的民俗中，清扫不仅为了拂尘，也是为了避邪。

里浦蜑井碑记载："允恭御极 乙丑秋时 板野之郡 长邑之碕 爰有蜑妇 名男狭矶 奉诏探珠 于赤石津 帝之田淡 用祈岛神 神则冥助 获禽如山 虽奉王事 遂殒其身 廼赐厚葬 以慰幽魂 载在国史 谁其疑斿 井以蜑名 千载犹在 迹妙时邈 口碑宛然 今兹天保 甲午之年 鸣门钓叟 荒井公廉 为图不朽 遗后之观"。

碑文大意是：公元 425 年秋，日本第十九代允恭天皇在位。板野郡村（现在的鸣门市里浦町）海岸有一名蜑妇（海女）名叫男狭矶，奉天皇的指令在赤石海探寻珍珠。允恭天皇在淡路祈祷岛神，由于岛

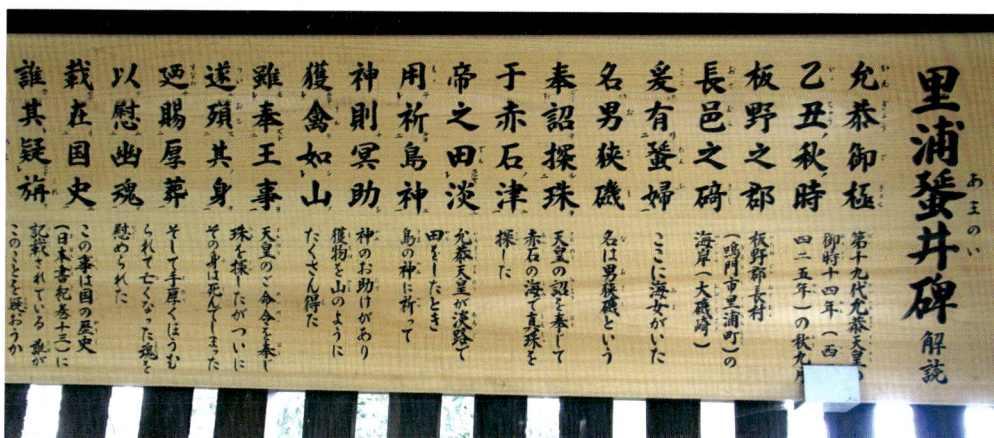

里浦蜑井碑　碑文

神相助，获禽如山。虽是遵照天皇的旨意，男狭矶却身死海中。为了安抚幽魂，允恭天皇予以厚葬，并将其人其事载入国史（日本書紀卷十三）。毋庸置疑。井以蜑井为名，千年后仍然存在。事迹尽管遥远，口碑传承依然如故。今于天宝甲午之年（1834 年），鸣门公正清廉的渔翁，为了让后人观看荒井史实，以图不朽。

蜑井碑字迹模糊，我借助祠庙里的木板上复写的文字看到了千年之久的蜑人文化在此重现。碑文的后面右上角画着一幅赤身裸体的海女拎着短刀潜水的场景，仿佛是一条人鱼。左边还有宫本村雄先生（事迹不详）奉纳的"男狭矶赞歌"。其中一段写着"潜女身虽贱，我依然思君"。不难想象，古往今来，活在海边的蜑人一直被当作贱民。海女男狭矶的事迹能够在小小的神社里被颂扬，实属不易。

最后，我来到蜑井之前。古井虽已荒芜，却能看出水井的迹象。日本人比较守旧，水井处也要搭建一处屋檐。在民俗世界里，井被看作通向黄泉的异界入口，如果不加以呵护就容易出现水怪等。中国有一句谚语，叫饮水不忘掘井人。饮水思源，不能忘本。

日本现存最早的和歌集《万葉集》（编纂于 7 世纪后半期到 8 世纪后半期）载："伊势乃白水郎之 朝魚夕菜尔 潜云 鰒贝之 独念荷指天"（万葉集第 11－2798）。大意是：伊势的海人，朝夕潜水，宛如鲍贝，思念对方。当时的"伊势"是指日本三重县伊势志摩。白水郎是指蜑人，又称海人。鰒同鲍。鲍鱼因为只有单贝，所以在日本诗歌中往往比喻单相思。以上可以推溯，伊势志摩地区的蜑人早在 1300 年以前的奈良时代就生活在这片海域了。

日本民俗学者，田边悟在他所著的《日本蜑人伝統の研究》（1990年）中记载："万葉集中有关海人的诗句有 82 首。文字记录海人多次，其中：海人 17 次、白水郎 14 次、安麻 14 次、海未通女 9 次、海部 8次、安麻乎等女 5 次、海子 3 次。除此之外，还有白郎、阿末、阿麻、安末、海女、海夫、潜女、泉郎等。"有关海人的称呼有很多，日语发音基本都称 AMA（あま），音同阿妈。

《延喜式》（927 年）是日本平安时代中期编纂的一套律令条文。其中对于官制和仪礼有着详细的规定，是研究日本古代史的重要文献。文中出现作为租税进贡肥后国（熊本县）和丰后国（大分县）的是耽罗鳆。另外，在日本奈良县平城宫迹出土的木简中记载："志摩国英虞郡名鍬郷 耽羅鳆六斤 天平 17 年（745 年）9 月。"志摩国英虞郡名鍬郷是指现在的三重县志摩市大王町波切一带。耽罗是韩国济州岛的古称。从志摩国的耽罗鳆可以推断，早在奈良时代日本与韩国济州岛就有密切的往来。

　　日本作家司马辽太郎（1923－1996）在他所著的《耽羅紀行》中关有于"耽羅鳆六斤"记述："这些（鲍鱼）不可能是从遥远的耽罗进口来的。按照常理，现在的大阪湾或是伊势湾一带，一直就有从耽罗渡来的海女，以捕获鲍鱼为生。能够想象的只有这些。总之，这是上千年以前的事情了。自古以来，耽罗的海女就漂渡到日本，从事海上作业，其中一部分变成了日本人，成为我们祖先的一部分。"

　　日本平安时代中期编撰的辞典《和名類聚抄》（931 年 －938 年）卷第二写道："白水郎，和名阿萬。又称渔人、海人。潜女，是指伊势

蜑人又曰蜑民　源于《訓蒙図彙》

国等地的潜女。和名为加豆岐米。"可见，白水郎与潜女早在平安时代就已经编撰到辞典当中，成为日本国民的一部分。

平安时代末期编撰的古词典《色葉字類抄》（卷下、阿、人倫）中出现泉郎、海人、渔人等词汇。

江户时代儒学者，中村惕斋编著的《訓蒙図彙》（1666年）是日本现存最早的图书类百科事典。《卷四·人物》使用插图介绍了蜑人。并指出，蜑人又曰蜑民。

继《訓蒙図彙》之后，时隔30至60年间，具有影响力的图书类百科事典分别是《人倫訓蒙図彙》（1690年，作者不详）、《和漢三才図会》（1712年，寺島良安编）、《唐土訓蒙図彙》（1719年，平住專安编）。这3本百科事典都提到了蜑人并附有插图。其中，风俗事典《人倫訓蒙図彙》（人倫三）比较形象地描绘了蜑人采鲍的情形。

蜑人 源于《人倫訓蒙図彙》

《和漢三才図会》从书名就可以看出与中国明朝的《三才図会》（1609年）比较相似。日本江户时代施行锁国政策，开放的港口只有九州长崎市。可见，文化在任何时代都可以跨越国界而传承，并带有普遍性。因为，文化是人类最原始的好奇和堆积。

《和漢三才図会》（卷第七、人倫部）载"蜑人又称白水郎、海士、潜女"。

江户时代中期，菫田省甫著《志陽略誌》（1713 年）是介绍伊势志摩的重要文献。书中详细地介绍了当地的风土人情、神社、寺院、古迹、海产，还附有诗歌。

《志陽略誌》一开始就恰如其分地介绍了志摩国的全貌。文中写道："志摩郡自古就有伊势岛的称呼。吟诵志摩的名所旧迹多以伊势国称呼。志摩东、北、南临海。沧海阻隔。风气和暖。海山多。水田少。海产鳞介。山出柴薪。依得其利。民户安逸。"

文中介绍，古代志摩国分答志郡和英虞郡。答志郡有 37 村，英虞郡有 19 村，共有 56 村。答志郡多半属于现在的鸟羽市，英虞郡属于现在的志摩市。其中有关于鸟羽市相差町（当时称相差村）的介绍。原文："这里多海俗而业。渔绳女妇则入潮或深没于波底用小刀采诸介以为荣。是曰潜女、被女或用海人、泉郎、蜑等字。土人谓年壮之妇不能深没于波底矣。此村蜑女胜于於他邦。自古称伊势雄蜑。所谓咏和歌是也。"从文中可以得知，相差海女以潜海采鲍为荣。潜水能力胜过其他村落，古称伊势雄蜑。

现在，相差町住着 100 多名海女。尽管她们多数已超过 60 岁，可是在整个志摩半岛，相差海女依然是最活跃的女性集团。

4 海洋文化的传播者——百越

日本民俗学家宫本常一（1907－1981）在他所著的《日本文化の形成》中多次提到，中国古代越人在长江下游一带建立了夏王朝。随着改朝换代，越人逐渐沿着海岸线移动。其中一部分北上到山东省，再沿着朝鲜半岛南下，最后到达日本的北九州一带。有些则漂流到济州岛。越人在移动的过程中不仅将渔猎文化传播到各地，还将稻作文化和南方的一些风俗习惯也带到了朝鲜半岛以及日本九州一带。

从湖南省玉蟾岩遗址、彭头山遗址和浙江省河姆渡遗址已经证实，稻作文化发源于长江中下游一带。

司马迁在他所著的《史记》（卷一百二十九）写道："楚越之地，地广人希，飯稻羹鱼。"意指古代江淮以南的楚国和越国，土地广大人烟稀少，人们主食稻米和鱼类。春秋战国时期，长江中下游一带属于楚国、吴国和越国的领地。越王勾践（约公元前 520－前 465）于公元前 473 年灭吴称霸，之后迁都琅琊（今山东省胶南一带），成为春秋时期最后一位霸主。公元前 306 年越国被楚国所灭。公元前 221 年秦始皇结束了诸侯纷争，建立了中国历史上第一个中央集权制的多民族统一国家。不难想象，春秋战国时期，诸侯争霸，拥有稻作文化、干栏式住居、熟悉水性的古越民族在战乱时期散居各方或从海路拓展疆域是理所当然的事情。

司马辽太郎在《耽罗纪行》中写道："中国古代史里登场的越人或者百越，就是现在的越南、泰国的远祖。这些越人在中国古代长江河口和闽（福建省）等地以稻作文化为中心创造了古代文化。越人的潜水渔法也是古代亚洲史里被公认的事实。越人以及南亚海域的潜水渔民，顺着海流（黑潮）漂渡到冲绳、济州岛、日本九州、濑户内海拓展领域已经是公元前的光景了。"

日本史学界基本认同，早期大陆文化传播到日本的途径基本有两条。一条是北方族系沿着朝鲜半岛南下到日本，另一条南方族系顺着海流北上至日本。上述的两条途径基本是从日本绳文时代（公元前 12000 年－公元前 300 年）晚期到弥生时代（公元前 300 年－公元250 年）初期完成的。如果以稻作文化的传播途径来看，基本有三条。第一条是沿着山东半岛和辽东半岛通过朝鲜半岛后南下到日本九州北部一带，第二条是从长江流域直接东渡到日本九州，第三条是从华南沿着海流经过台湾，冲绳等岛屿，最后北上至日本九州。

《后汉书·东夷列传》载："会稽海外有东鳀人，分为二十余国。又有夷洲及澶洲。传言秦始皇遣方士徐福将童男女数千人入海，求蓬莱神仙不得，徐福畏诛不敢还，遂止此洲，世世相承，有数万家。人民时至会稽市。会稽东冶县人有入海行遭风，流移至澶洲者。所在绝远，不可往来。"

用白话文说就是，长江下游（会稽）以东的大海上住着包括东鳀人在内的20多个国家。其中包括台湾（夷洲）和济州岛（澶洲）。据传，秦始皇派遣方士徐福率领数千童男童女入海求取蓬莱山上的仙药，没能如愿。徐福畏惧诛杀，不敢回去，便留在此洲，世代传承，有数万户人家。人们偶尔回到长江下游沿海一带经商。会稽东冶县（今福建省福州市）有入海遇风暴者，漂流到济州岛。因为相距遥远，无法往来。

《史记》（卷六）载："齐人徐市等上书，言海中有三神山，名曰蓬莱、方丈、瀛洲，仙人居之。请得斋戒，与童男女求之。於是遣徐市发童男女数千人，入海求仙人。"（卷一百一十八）又载："秦皇帝说，遣振男女三千人，资之五穀种种百工而行。徐福得平原广泽，止王不来。"有关徐福东渡，毋庸置疑。徐福得"平原广泽，止王不来"。也就是发现富饶的土地，自立为王，不再复返。日本有关徐福登陆的传说众说纷纭。

我曾去过佐贺县佐贺市、和歌山县新宫市、三重县熊野市和京都府与谢郡。上述地点分别建有徐福庙、徐福墓和徐福宫等。《后汉书》记载徐福登陆的澶洲（亶州）就是指现在的济州岛。徐福携数千童男童女、百工、技师、五谷、医药东渡韩国，日本与土著融合，把先进的技术带到岛国顺理成章。纵观历史变迁，移民是动荡时期的一个烙印。

我在用日文写《现代の海女》的过程中，为了收集有关济州岛海女的资料，最初读了一本在日朝鲜人二世，即金荣和梁澄子共著的《海を渡った朝鮮人海女》（1988年）。两位作者通过长达5年的采访，真实记录了济州岛海女们在日本殖民统治时期漂洋过海，在日本各地尤其是在千叶县房总半岛海域，不分严寒酷暑沉浮捕捞，饱经风霜的事迹。其中最让人震撼的是有关孩子"诞"生的一幕，这已成了千百

徐福之墓 和歌山县新宫市徐福公园

徐福宫 三重县熊野市波田须町

徐福上陆地　佐贺县佐贺市诸富町

徐福信仰浓厚的新井崎神社　京都府与谢郡伊根町

年来海洋民族受难的一个缩影。

"海女金荣儿1924年出生在韩国济州岛。15岁当海女，17岁结婚，19岁来到日本，在千叶县房总半岛和田浦做雇佣海女。1946年8月的某一天清晨，荣儿像往常一样孤身一人在海里作业。最初的阵痛来临时，她抓住浮圈休息了一会儿，然后继续潜到海中捕猎。阵痛再次袭来时，她又忍了一会儿，继续作业。她没有打算到岸上休息，时来的阵痛，只是在海中克服。当阵痛的周期越来越频繁，以致难以忍受的时候，她才勉强地爬到岸上。回家的路变得漫长。疼痛来了，她就停下脚步。这样反复了不知多少次，终于回到了六帖一间的家里。丈夫外出，只好求房东奶奶铺好被子，小小的生命就这样诞生了。"（源于《海を渡った朝鲜人海女》）

有关海女怀孕潜水，我在采访日本海女的时候也经常听说。过去，海女（蜑人）在海边或者在船上生孩子的现象时有发生。

擅长潜水渔猎的水上人，诞、蜒、蜑、蛋、疍、泉郎、白水郎、曲蹄等主要生活在江浙闽粤一带，为古越人所居，属于百越。

蜑人又称蛇种，龙户。信仰龙蛇，并将其供奉为祖先图腾。

明朝邝露（1604－1650）撰《赤雅》（卷上）载："蜑人神宫，画蛇以祭，自云龙种。浮家泛宅，或往水浒，或住水澜。捕鱼而食，不事耕种，不与土人通婚。能辨水色，知龙所在，自称龙神。"

清朝陆次云编撰《峒溪纤志》载："蛋族。其人皆蛇种，故祭祀皆祭蛇神。"

《说文》闽：东南越、蛇种。

清末郑祖庚撰《闽县乡土志》（人类）载："疍人。县有一种之人，以舟为居，能久伏深渊，俗呼曲蹄，以处舟中，其脚常弯曲不舒故。……其人皆蛇种。"另外，福州蜑民信仰蛇神、蛙神、龙神等。可见，蜑民信仰龙蛇，又自称为龙蛇之种。

有关龙蛇信仰，我在韩国济州岛的济州七头堂灵登祭上亲眼看见祭坛前写有：龙王大神、龙王夫人、四海龙王等神位。

日本海女信仰海神、龙神、龙宫、八大龙王、蛇神等。

单从信仰龙蛇来看，我们不难看出亚洲海洋民族的共通之处。

龙是中华民族的古老图腾。中国上古神话中的创世女神为女娲。就像人类黎明期的文明是由女性缔造的一样，女娲造人补天的故事早在先秦就已经广为流传。东汉王逸在他所著的《楚辞章句》（卷三）写道："传言女娲人头蛇身，一日七十化，其体如此，谁所制匠而图之乎。"

传说中的伏羲女娲以及《山海经》中出现的诸多人神兽类多是人面蛇身或人面龙身。

《说文解字》龙：鳞虫之长。能幽，能明，能细，能巨，能短，能长。春分而登天，秋分而潜渊。

南朝梁的任昉（460—508）在他所著的《述异记》（卷上）写道："水虺五百年化为蛟。蛟千年化为龙。龙五百年为角龙，千年为应龙。"也就是说，从水虺（水蛇）脱变成为应龙需要三千年时间。

南宋罗愿（1136—1184）著《尔雅翼》（卷二十八）载："龙，物之至灵者也。"

汉代学者王符言及龙形有九似：头似骆驼，角似鹿，眼似虾（《尔雅翼》为鬼），耳似牛，项似蛇，腹似蜃，掌似虎，爪似鹰，鳞似鲤。

鲤鱼别称六六鳞，共有三十六鳞，表示阴之极。龙鳞八十一，九九（谐音久久）重阳，表示阳之极。故而司水。龙融合了水陆空三种境界的灵忭，可以呼风唤雨，变化无穷，不仅是帝王的象征，也是百姓祈求丰饶久安的精神寄托。对于水上居民来说，龙就是祖先的化身。

东亚诸国与海相连，隔海相望，凡是百越后裔都信仰龙神。龙不仅是祖先图腾，也是多元化文化的一种符号。海洋民族在漂泊荡漾的海上生活中书写着各自不同的沧桑、苦难和壮丽的历史篇章。

人类从蒙昧、野蛮到定居生活经历了漫长的过程。不管是漂泊还是定居，这只是生活的两个侧面，不能说哪种生活方式是文明或是愚昧的。漂泊的海洋民族不仅是移动的族群，他们顺着海流沿着岛礁寻

女娲（清）萧云从绘

应龙（明）胡文焕绘

找猎物、开辟航路、承载文化，在历史的长河中起着举足轻重的作用。

从古至今，对于漂泊者的历史很难记载。漂泊是一种原始的、野性的、身不由己的移动。这种群体颠沛流离，居无定所，四海为家。他们像天空中翱翔的海鸟，像陆地上移动的牧民，像江海中洄游的鱼儿。

历史的车轮总是将落后的碾碎淘汰，迎来崭新的生活。在生产能力落后的时代，人们敬畏自然，顺应自然。可是随着近代化的发展，人本主义逐渐将野生和原始排挤到角落当中。漂泊者开始过上定居的生活，对于漂泊者的那段历史也逐渐在记忆中淡忘。

现在只有在日本和韩国还存在着为数不多的海女，她们如同活化石一样维系着古代水上族群的共通特性。

第二章　日本海女节

　　从南至北，我几乎走遍了整个日本，在日本的民俗文化中，海女的部分所占比例虽然不多，但却无法忽视它的存在。就像我们的生活中一年到头举行各种各样大大小小的节日庆典一样，海女们也有她们独自的节日。这些节日和她们朴素的信仰无法分割。海女信仰是海洋民族世世代代遗留下来的精神财富，是海洋文化的重要组成部分。

　　我们中国人所说的节日在日本统称为"祭"，自从汉字传到日本后，直到今天，日本一直沿用着中国古代的汉字，几乎没有改变过。

　　《说文》祭，祀也。

　　《左传·成公十三年》载："敬在养神，笃在守业。国之大事，在

岩手县久慈市

东京

大阪

房总半岛（白滨、御宿）

伊势志摩（志摩市、鸟羽市）

N
A

伊势神宫（内宫）鸟居

祀与戎，祀有执膰，戎有受脤，神之大节也。"

《论语·为政第二》载："生，事之以礼；死，葬之以礼，祭之以礼。"

祭祀是古今生死的对话。祀祖追孝，冀传子孙，为上古礼节。

祭祀文化由来已久，与农历节气、原始信仰和传统礼俗有关。现在主要用"节日"来称呼。中国四大传统节日是春节、清明节、端午节和中秋节。其他还有元宵节（上元节）、春龙节、上巳节、七夕节、中元节（鬼节）、重阳节、祭祖节、下元节、冬至节、祭灶节等。

《说文》社，地主也。从示，土。古代指土地神和祭祀土地神的地方。

日本的神社是指圣域空间，其入口处的门称之为鸟居。鸟居是神社建筑的一个组成部分，它本身就是圣域的一个原始标志，又是洞察日本精神世界的一处幽玄之门。位于三重县伊势市二见的夫妇岩是鸟居的一种原始形态。日本古文献中鸟居又称天门、华表、鸡栖、助木、华门等。华表是中国古代竖立在宫殿、桥梁、陵墓之前的木柱，后来变成石柱，是圣域的一种象征。鸟居相当于中国的牌楼或牌坊。

日本江户时代刊行的《神道名目类聚抄》(卷一)载："鸟居为阴阳交感之表。左柱为阳，右柱为阴，贯通两柱的横木为阴阳交感之理。"通俗的解释就是指神社入口的鸟居表示女阴，里边的参道为产道。日本人参拜神社的本质，就是脱离俗世、起死回生、改行从善的一种拟似体验。

老子《道德经》载："玄牝之门，是谓天地根。绵绵若存，用之不勤。"这里的"玄牝之门"是指玄妙母体的生育之产门。这就是天地的根本，连绵不绝，无穷无尽。日本家居或旅馆的门口称为玄关，其意就是指玄妙的关门，也就是玄牝之门。生物最本质的依恋就是母体，往返到始初是寻根的一种表象，也是获得超脱的原始心性。

日本神社里每年举行的祭祀礼俗就是为了祭祀祖先、调节阴阳、祈求民生的幸福和安康。海女们的节日所表现的内涵也不外于此。

现在，日本的海女多半生活在三重县伊势志摩，海女节也多集中于此。为了尊重异国的传统，本文中将某些祭祀活动使用日本固有的名称来叙述。

1 神岛采鲍节

神岛位于三重县鸟羽市东北端，是一座方圆 3.9 公里的海上孤岛。岛上人口不足 500 人，居民大多数靠打渔为生。神岛因为作家三岛由纪夫写的《潮骚》而出名，另一个被大家所熟知的就是每年元旦天还未明时举行的迎旦祭。迎旦祭是日本的奇祭之一，每年都有许多人为了观看迎旦祭特意从外地赶来在岛上过元旦。

2009 年 12 月 31 日，为了观看神岛的迎旦祭，我从鸟羽市海港乘坐当天最后一班轮船来到位于伊势湾海口的神岛。

除夕之夜，我住进了神岛的旅馆"山海荘"。"山海荘"虽然不大，

鸟羽市神岛

但是在只有几百人生活的小岛上已经算是不错的了。旅馆一楼的客厅里有着几张桌椅，窗边摆放着日本著名影星山口百惠和三浦友和曾在岛上拍摄影片《潮骚》时的照片。《潮骚》是作家三岛由纪夫以神岛为背景，描写渔夫（新治）和海女（初江）历经各种坎坷最后终于走到一起的爱情故事。山口百惠在影片中扮演海女初江，三浦友和扮演渔夫新治。看着往日的黑白照片，情不自禁地对神岛增加了几分亲近感。

　　旅馆的房间都是传统的榻榻米客房，透过门窗可以看到大海。晚饭是在房间里吃的，服务员把饭菜一盘盘的端进来，巨大的木舟上摆放着伊势龙虾、鲷鱼等新鲜的刺身。

　　吃晚饭时，我问女服务员："这个岛上还有海女吗？"她说："包括我在内，神岛的大多数妇女都从事海女业。如果有空，欢迎明年6月11日的采鲍节（日语称御供上げ）时再来。你可以看到许多海女采鲍的情景，还有好吃的天然鲍鱼。"

　　时隔5天，也就是2010年1月6日，我第四次来到神岛，观看了孤岛上的传统节日"六日祭"。六日祭又称八幡祭，属于火节。岛上人用原始的"钻木取火"采集火种后，在岛上的土地庙八代神社前将过去一年挂在门窗上用来避邪的注连绳（用稻草编成）和祈祷平安的护身符堆在一起燃烧殆尽，意味着除旧迎新。从第二天起，新一年的渔业生活就开始了。渔业不像农耕，海上作业时常遭遇生命危险，所以神岛的八代神社里供奉的海神绵津见命，是岛上人唯一一处心灵的慰藉。

2010年6月10日，我第五次踏上神岛。时隔半年，岛上群居的海鸥已经不见踪影，迎接我的是几只鸢孤高地盘旋在海港的上空。

我把行李放到旅馆"山海莊"后，像往常一样沿着狭窄的小巷来到八代神社。从八代神社可以俯瞰岛上的最高点灯明山（170.9米）和沿着斜坡密集的民家，远处是浩瀚无际的太平洋。岛上没有土地可以耕种，人们的生活来源全靠眼前的大海。夕阳西下，鸢飞鱼跃，海天一色。我眺望着太平洋，视线逐渐开始模糊，孤岛好似一个小小的宇宙抚慰着我一颗漂泊的心。

神岛的民家

神岛采鲍节

晚上，餐桌上摆满了新鲜的鲍鱼、海螺和鲷鱼等刺身。渔家人的饭菜基本都是原汁原味，鲜嫩可口。天然鲍鱼，其细腻而富有弹性的肉质在记忆中久久不能抹去。这里是伊势湾与太平洋相交的海口，所有的海洋生物接受强大的海浪冲击，赋予了旺盛的生命力和绝美的味道。

第二天清晨，神岛的3处堪称圣域的岛礁上插上了旗帜。上午8点，宫持（主办祭祀的负责人）夫妇、船长和3名海女共6人，他们乘船率先来到神岛西侧的一处岛礁。紧随其后的是30多艘船队。宫持的船只围绕岛礁左旋3周，船上的海女将3升3合3勺白米播撒到海中。据萩原秀三郎·萩原法子所著的《神岛》介绍，将稻米撒入海中是模拟陆上的播种仪式，期待鲍鱼多产丰收。渔民在围绕岛礁逡巡的同时还向伊势神宫（伊势市）、丰川稻荷（爱知县丰川市）和八代神社（神岛）的方向做祈祷。之后，海女们潜入海中开始捕获鲍鱼。

因为我没能跟船采访，只好站在海岸边用望远镜头拍下这一场景。凡事有得就有失，我虽然没有近距离拍摄海上举行的传统仪式，却在岸上看到了神岛海女下海捕捞鲍鱼的情景。她们身穿黑色胶皮潜水服，腰系 3~5 公斤重的铅带，头戴潜水眼镜，手持撬鲍铁铲，一个个游入了湍急的大海。这是我第一次近距离观看海女采鲍。眼前活生生的场面与御木本珍珠岛（鸟羽市）里的海女表演完全不同。海女们每次潜入海中浮出水面时的表情看起来很痛苦，她们拼命地呼吸后又继续沉入海中。我关注镜头里的海女，不想错过她们与大海搏击的每一个瞬间。看着海女们沉沉浮浮的身影，我想起了鸢盘旋、俯冲、捕获猎物的情景。

一个半小时后，海女的网兜里满载着猎物陆续上岸。也许是因为长时间浮在水中的关系，她们被海浪冲打得有些踉跄，面部表情紧张而严肃。我厚着脸皮继续拍照，却不敢冒失地接近她们。当我与海女们保持一定距离的时候，一名中年海女却主动打开网袋，给我看她捕获的猎物，并将 3 只天然大鲍鱼摆放到岩石上。之后，又将 3 个海螺

神岛海女

我初次观看海女捕获的猎物

当场敲碎，让我品尝。这突如其来的举动，让我有些吃惊，不知该说些什么才好。最后只对她木讷地说了一句："谢谢！你真了不起。"

据说，这天捕获的鲍鱼一部分要供奉给当地的土地庙（当地人称"龙宫"），其余的就带到渔协兑换成现金。海女给我的3个生海螺，当天回到鸟羽市的家中我才品尝。也许是刚刚打捞上岸的缘故，肉质鲜嫩可口，至今难忘。

每年6月11日举行的海女采鲍节，岛上人称之为"御供"。神岛采鲍节随处都有三的数字。三与山同音，日本人对三角形的山体或岛屿抱有独特的观念。三角形的山体通常被称作神山，不准踏入，三角形的岛礁又被看作圣域，不准渔猎。在这种地方往往设有鸟居，表示结界。日本的富士山是最典型的圆锥形山体，号称"不死"就是一种永恒的象征。古代坟冢也呈三角形。老子《道德经》云："道生一，一生二，二生三，三生万物。"神岛从远处看也是三角形，因此取名神岛。古来又有龟岛、歌岛、宿岛、通岛、禊岛等称呼。

神岛采鲍节的历史，没有记载，不知延续了多少年。

37

至今为止，我曾去过 10 多次神岛，每次岛上人都用陌生的眼神看我，但是我知道她们还记着我。我认识的一名女记者曾跟我说："神岛的人还念叨你呢！最近还问你怎么没来？"听了这话，我只能在心里苦笑。我想，如果有一天，我离开了鸟羽市，离开伊势志摩或是离开了日本，我对神岛的眷恋会超过富士山。因为那里曾有一颗淳朴、迷惘、孤寂的心不知道在天涯海角的一处孤岛上徘徊过多少个来回。

2　国崎海女节

三重县鸟羽市国崎町位于志摩半岛的最东端，北邻石镜町，南接相差町，东边则是一望无际的太平洋。这里承载的海女文化古老而悠久。

农历六月一日在鸟羽市国崎町举行的"御潜神事"曾经是伊势志摩地区规模最大的海女节。海女们将采到的鲍鱼制成干鲍供奉给伊势神宫。伊势神宫是日本皇家祖庙，也是日本人的精神故乡。每年为伊势神宫奉纳干鲍的制度在这里延续了 1300 年之久。

海女节"御潜神事"于 1871（明治四年）年曾一度废止，直到 2003 年才再度复兴，之后断断续续。我最初观看国崎海女节是在 2010 年 7 月。

国崎町有一处供奉海女祖先的"海士潜女神社"。7 月 1 日上午 9 点，参加海女节的 30 多名海女在海士潜女神社做了祭拜之后，陆续聚集在国崎町的海岸边。她们头带潜水镜，身穿传统的白衣，腰上系着便于下沉的铅腰带，在太鼓的号令下纵身跃入海中。

海女们有的手推木桶，有的借着浮圈（下边系着装鱼贝用的网袋）向前游。当她们游到一定深度时就把脸部没入海水中，借着潜水眼镜寻找躲藏在海底岩礁缝隙当中的鲍鱼。她们一旦发现猎物就会迅速潜入海底，用铁铲麻利地撬下鲍鱼的同时再用全力浮出海面，大口地换

海女节"御潜神事"

海士潜女神社

海女入海的情景

气。海女每一次潜入潜出大约需要 1 分钟。全套动作干脆利落，一气呵成。

为了捕捉海女渔猎的精彩瞬间，我在海边的岩石上不停调换位置。当我看到海女浮出海面大口换气的那一刻时，却因那痛苦的表情而思绪万千。每个人来到世间都有追求幸福和美好的权利，尽管在追梦的过程中充满着艰辛与坎坷，大多数人都希望拥有安稳舒适的生活，可是眼前这些靠海为生的海女们却世世代代漂浮在海上，不分寒暑，时时刻刻与危险做伴。

大约 1 小时之后，采鲍仪式结束了。

刚打捞上岸的鲍鱼被抬到附近的御料鳆调制所。在那里，我看到延续了上千年的干鲍（日语称熨斗鳆）制作方法。调制干鲍首先是去壳、清洗，然后把鲜鲍像削苹果皮一样削成带状。经过晾晒后再用竹筒压平，剪切成长短统一的小段。最后用绳子捆绑，以备供奉到附近

鲍鱼的去壳和清洗过程

制作干鲍的过程

的伊势神宫。观看了干鲍制作的过程后觉得并不太难，难的是把简单的事情延续了千年之久的执着精神。

国崎海女节即将结束时，由一名年轻的海女将两只雌雄鲍鱼供奉到海士潜女神社，以此来表达对祖先的敬意。

2011年3月11日，日本发生了东日本大地震后，国崎町的御潜神事被迫中断。相隔3年，也就是2013年6月29日，我再次目睹了国崎海女节。这次由鸟羽市观光协会和相关部门企划，来自鸟羽市神岛、答志岛、菅岛、石镜、相差、国崎与志摩市安乘等7个地区的近百名海女参加了规模盛大的海女节。这天，天空晴朗，万里无云。身穿传统白衣的海女们经过祈祷之后，一齐游向湛蓝的大海。大海和海女编织的美景仿佛画中的世界，令人叹为观止。

现在，三重县伊势志摩拥有日本最多的海女，约760人。随着高龄化和海洋污染等综合因素，海女的人数正在急剧减少，海女文化也面临着消亡的危机。为了将海女文化传承下去，鸟羽市和志摩市齐心协力，于2012年创办了"海女振兴协议会"，希望把海女文化列入世

入海前的祈祷仪式

界非物质文化遗产名录。

作为一名长年生活在伊势志摩的中国人，我真心希望日本的海女文化能够早日登上世界遗产名录。登录世界遗产尽管不是最终目的，可是通过申遗才能让更多的人了解海女，并且让千百年来与海共生的水上族群得到更广泛的认知和关注。

文化不分国界，也不应该锁定在某个狭小的范畴。劳动创造了文化，文化就应造福人类。在急功近利、物欲横流的现代社会里，文化所扮演的角色不仅仅是心灵的一种呐喊，还承载着生活在边缘和最底层的那一部分群体的活生生的故事。

3　菅岛白髭节

时代的车轮在飞速地旋转，人们的生活变得多姿多彩。我们总是充满欢心和好奇地去迎接崭新的事物，这也许是前进和发展的必然。

鸟羽市菅岛渔港

围着篝火取暖的海女

海女和渔夫

可是当我们在得到某些东西的同时也在失去一些东西，这一得一失、幸与不幸，该如何去衡量呢？古往今来，世事变迁，也许在这些靠海为生的海女身上还可以看到一些过去的影子。

菅岛位于伊势湾海口，是鸟羽市第二大岛屿。岛上海女众多，主要靠采集鲍鱼、海螺、海草和捕捞各种鱼贝类为生。每年7月11日（2012年开始改为7月上旬的周六）举行的海女采鲍节是岛上最热闹的传统节日，日语称"白髭祭"。

传说700年前，在菅岛出现一条白蛇，岛上人认为它是龙神的化身，便在海边搭建了一座庙宇，叫白髭神社。为了祈祷海上作业的安全和渔业丰收，菅岛的海女们在每年的采鲍节上，把最先捕到的一对雌雄鲍鱼供奉给白髭神社。捕获雌雄鲍鱼的海女则被称为大海女，受到岛上人的尊敬。

2010年7月11日，我第一次观看了菅岛"白髭祭"。

从鸟羽市海港乘船到菅岛只需十几分钟，平日稀稀落落的甲板上今天却挤满了人。从菅岛渔港到白髭神社附近的白滨海岸需要步行20分钟。来自日本各地的游客和摄影家们对岛上的一草一木都感到好奇，走走停停，拍来拍去。上了年纪的岛民们闲坐在房檐下用异样的眼神目视着我们这些外来人。海边没有防波堤，山林、沙滩、大海彼此相连，生物链没有遭到人为的破坏，只是菅岛的另一面山体呈现秃状，影响了鸟羽市这个号称"观光城市"的整个面貌。据说切割山体挖走的石头是为了用来铺设新干线和飞机场的基地建设。

白滨海岸人头攒动，热闹非凡。30多名海女早已在海边点起了篝火，一边热身一边同伙伴们大声谈笑。上午9点，海女们聚在一起进行下海前的祈祷仪式。9点30分，身穿白色装束的海女们在螺号吹响的同时，纷纷入海，海女采鲍节开始了。

岸上的人站在沙滩上眺望着时起时伏的海面，远处的渔船在海上游弋，常能听到海女们浮出水面时发出的声音，那声音哀婉悲切，所以又叫海女的叹息。日本"音"风景百选称之为"矶笛"，意味着从岩

菅岛海女采鲍节

海女打捞的情景

供奉鲍鱼

海女文化

礁中发出的笛声。海女作业含辛茹苦,岸上的人却欢歌笑语,摄影家们则站在海边寻找最佳的镜头。

大约30分钟过后,一对雌雄鲍鱼被打捞上岸,由年轻貌美的奉纳海女将其供奉到白髭神社。大概1个小时之后海女们个个满载着海螺和鲍鱼返回到岸上。

自从2010年起,我几乎每年都去观看菅岛的海女采鲍节,并在"日本纪行"网站里也发表过3次。每年参加海女节的人数大约在30~40人。看着这些海女因长年捕捞海物而变得粗糙的手掌,听着她们朴实的谈吐和爽朗的笑声,我仿佛走进古代海洋的世界里。曾经年轻的海女们现在都已经上了年纪,岁月的痕迹悄悄爬上她们的脸庞。

日本民俗学者田边悟在他所著的《海女》中记载:"1991年,大约有200名海女参加了白髭祭。海女们身穿纯白的衣服聚在一起,使海滨变得炫目耀眼。更早以前,一个家庭普遍有三个世代的海女共同参加,总共有400人聚在海边。"从1991年到2010年,就在这短短的20年间,菅岛的风情如此巨变,感觉这个世界变化太快,快得让人痛心和无可奈何。

海女文化是海洋民族遗留下来的原生态文化。菅岛的"白髭祭"如今已经成为岛上最闪耀的旅游文化。从一个旁观者来看,海女文化不应局限在菅岛或是伊势志摩,而应该是整个国家和我们人类共同珍惜的文化遗产。虽然科技在发展,社会在进步,人们的生活水平也在不断地提高。相比之下,海女的一切都非常落伍,看起来还很原始,然而她们世代传承的潜水渔猎方法与自然共生的生活方式不正是现代社会所匮乏的传统习俗吗?

4 答志岛小筑海节

三重县鸟羽市有4个较大的岛屿,分别是答志岛、菅岛、坂手岛和神岛。其中最大的岛屿是答志岛，面积约 7 平方公里，人口约 2400 人。岛上的居民世世代代从事渔业，是典型的日本渔乡。

我从 2008 年起，曾多次访问答志岛，印象最深的就是岛民的淳朴和热情。时至今日，岛上的风俗和传统依旧，家家户户的门前都用墨汁涂着丸八图案（八字外面画个圆圈）。据说，那图案源于答志岛的八幡神社，是岛民祈求家宅平安、祛灾避邪的符号。

2016 年 7 月 19 日，我从鸟羽港搭乘早晨 8 点的轮船，20 分钟后抵达答志港。今天是每年一度允许在答志岛小筑海岛捕捞鲍鱼和海螺的节日，岛上人称"小筑海祭"。小筑海岛是答志岛东端的一个无人岛，呈三角形，平时禁止捕捞，属于禁渔区。据答志岛八幡神社的祭司说，岛上自古以来祭祀着白髭明神，同菅岛的白髭祭一样，每年举行一次海女节，通过海女采鲍供奉来祈祷海上作业的安全和渔业丰收。

小筑海节于上午 10 点举行。由于时间还早，我就在附近的海边散步。海边有许多简陋的海女小屋，海女们正在里面换衣服，烤火暖身，

鸟羽市答志岛海港

49

男人们则在阴凉处悠闲地等待着。当我拎着相机在附近徘徊时，一个年迈的渔夫对我说："今天是岛上的特别日子，一会儿就会看到一群'海绵怪物'（岛上海女的昵称）乘船出海。"我会意地笑了笑。岛上的渔民看起来很严肃，可是当你走近他们时，又觉得很亲切。

海女们换好黑色胶皮潜水服后，渔夫们将小船靠近岸边，小船载着海女陆续出海。今天约有60多名海女参加小筑海节，她们多数都是高龄海女。

上午9点40分，我有幸乘坐当地渔协管理人员和祭司专用的渔船驶向小筑海岛。渔协负责人告诉我，答志岛的地理位置很重要，上百年前，陆路交通还没有发达的时候，答志岛是海上交通的重要据点，而且，答志岛与神岛的连接线便是伊势湾与太平洋的交界线。

渔船快要抵达小筑海岛时，大渔旗绑在了桅杆之上，渔船开始绕岛一周。主持祭祀的祭司盘坐在甲板上诵读祝词，我看到祝词里的海女一词被写成"蜑妇"。两名渔协负责人分别将清酒和白米洒向海中，这是以海为田进行的播种仪式。此时，小筑海岛附近已经有许多渔船和潜水捕猎的海女。

祭司在诵读祝词

海女捕猎的情景

　　渔船围绕着小筑海岛转了一周，几名渔协人员换乘一艘小船到小筑海岛上采集萱草和桑叶。其间，我也换乘了一艘小船，近距离观看海女们渔猎的情景。

　　海女们在碧蓝的海水中渔猎，海面上不时地传来她们换气时发出的哨声，听起来如同海鸟的鸣叫。对于生活在陆地，整天被手机、电脑、汽车等捆绑的我，仿佛置身于另外的世界里。

　　当有人采到 7 只鲍鱼后，立刻被运往祭司乘坐的渔船。从小筑海岛采集萱草和桑叶的人员返回后，渔船开始归航，海女们则继续在海中捕捞。

　　渔船返回答志岛后，鲍鱼被供奉到岛上的八幡神社。从小筑海岛采集来的萱草和桑叶被整齐地摆放在神社的入口附近。约 1 个小时后，海女们开始归航。她们换好平日的装束后，便来到八幡神社里祭拜。祭司把萱草和桑叶颁发给大家，海女们把它们安插在自家的门前和渔船上，据说是为了避邪。这与中国民间"清明插柳，端午插艾"的习俗非常相似。

祭司在颁发萱草和桑叶

　　祭司名叫桥本好史，是答志岛八幡神社的宫司，通俗说就是当地土地庙的庙主。日本民众笃信神佛，每个村落几乎都有一处神社和寺院。神社里的祭司和寺院里的住持，主要通过主导一年四季的祭祀和人生礼仪（如七五三节、结婚、葬礼等）来维护地域的秩序与安宁。日本民俗文化的源泉就是这些分布在各地的神社和寺院。桥本好史不但是祭司，还是日本民俗学会的会员，曾经发表过一些论文。他在论文《答志の海女たちの朝鲜行き》中，通过海女们的口述得知，早在明治时期（1868年－1912年）答志岛以及周边海域的海女就乘坐木船花费近1个月的时间漂渡到朝鲜半岛做雇佣海女。

　　可想而知，海女们远渡重洋，跨越国界的移动是古往今来水上族群共有的特性。

5 草船送年神

国崎海女节中曾经介绍，三重县鸟羽市国崎町是一处既传统又古老的海女之乡。这里有日本唯一一处为伊势神宫供奉干鲍的御料鳆调制所。

每年 1 月 17 日，是国崎町海女送年神的日子。在日本的民俗文化中，年神又叫岁神或岁德神，被认为是祖先神，来自高山或是大海。每当过年时，日本人在自家门前安插门松，迎接年神，与家人团聚。阳历 1 月 15 日（相当于中国的元宵节）前后，人们又通过火节将年神送走。

志摩半岛面临太平洋，与海相接。人们的生活来源主要是依靠大海，所以对海持有一种特殊的虔诚和敬畏。年长之辈认为自己的祖先是来自大海或是海天相接的地方，世世代代依靠祖先的庇护和恩惠才得以平安地活在这个世界上。

国崎町每年举行的送年神仪式，被称为"祝词正月"。节日当天，每个家庭都要出一名女人，多数都是年迈的海女。她们端着装有白米、

面向大海祈祷的高龄海女

编好的稻草船"岁德丸"

醋拌生鱼丝、酒、咒语牌的托盘和一束稻草聚集到海边，共同编织一艘叫"岁德丸"的稻草船，并插上驱邪的纸旗，然后点燃并放流到海中。每家每户只有海女和女性在海边举行的送年神仪式据说可以推溯到江户时代，在整个日本都属罕见。如今，日本正面临高龄少子化的社会问题，渔乡的老龄化尤为严重。为了挽救古老的民俗，国崎町的"祝词正月"在2011年被指定为日本国选非物质文化遗产。

2013年1月17日，我在鸟羽市国崎町观看了草船送年神的整个过程。下午1点，约有60名海女聚集到海边，将托盘里的供品摆放到沙滩上，并虔诚地合掌祈祷。之后，大家开始齐心协力编织稻草船。大约30分钟后，一艘1.8米长的草船"岁德丸"已经编好。休息片刻后，由几名海女代表将草船抬向浅滩，伴着铃声将被点燃的草船送入大海。

对于鸟羽市国崎町的海女来说，大海不仅是劳作的地方，也是她

点燃的草船被送入大海

们最终的归宿。人们借助草船与祖先对话，将感恩与祈愿一并送走，以此来保佑一年的平安。

6　石镜海女的传统习俗

2016 年 4 月 4 日清明。鸟羽市小雨。

清晨醒来，睡眼惺忪。昨天，从半夜 2 点开车到长野县观看每隔 6 年才举行一次的御柱祭。晚上 11 点归来，兴奋还没有散去。今天，该做的事情堆了一堆。最主要的是下午在鸟羽市石镜町有一个传统海女节要看，然后还要去上班。

外面细雨连绵，思乡之情油然而生。我想起了杜牧（唐）的"清明时节雨纷纷，路上行人欲断魂"的惆怅，又想起了高启（明）的

"满衣血泪与尘埃，乱后还乡亦可哀。风雨梨花寒食过，几家坟上子孙来？"的悲哀。虽然是和平年代，可是身在异乡，靠自己打拼的路程充满着艰辛与血泪。昨夜归途，一直在雨夜里开车，有一瞬间眼睛忽然睁不开。这几年，常常开夜车在日本的山间奔波，由于睡眠不足，眼睛一疲倦就会充血、疼痛，然后就是自动防卫性的闭合。幸亏不是在高速公路上，要不然后果不堪设想。

　　日本人扫墓祭祖一般是在春分、秋分和8月15日前后的盂兰盆节。这种习俗深受佛教的影响。佛教与日本的原始宗教互相融合，形成了日本人独特的生死观。日本人的原始宗教和大多数原始文化中的多神信仰和万物有灵论不可分割，这种信仰左右着日本民众的日常生活。

　　鸟羽市石镜町面朝太平洋，是一处保守僻静的海女之乡。这里不像邻近的相差町和国崎町，看不到海女经营的旅馆或民宿。石镜海女看起来更像韩国济州岛的海女，她们集体作业，按劳分配，管理严格。人们喜欢安静，传统节日也很少公布。

位于太平洋沿岸的鸟羽市石镜町

中午 12 点半，我开车赶到石镜町，天下着蒙蒙细雨，太平洋上云雾缭绕。从高处俯视石镜町，这里就是山海之交的人间僻地。如果没有海岸线上的柏油路，古老的海洋文化也许依旧焕发着青春和活力。不过，老龄化和经济轴心的社会体系疏忽了乡土本身所具有的自我恢复能力，年轻人只靠打渔做海女已经养活不了自己，更养活不了家人。渔民的孩子只好考高中或上大学，到城市里求得一份安稳的职业。人们一旦离开了生长的土地，土地的文化自然就会变得萧条。

石镜的民房都建在海边的斜坡上，人家与人家相连，过道狭窄而崎岖，周边是未开垦的原始林，石镜渔港停泊着许多渔船。

细雨中，年迈的海女们提着两个木箱，里面分别装着圆圆的牡丹饼、清酒、米、红豆、石头、铁铲（撬鲍道具）。头上扎着当地寺院颁发的写着海上安全、招福除灾等字迹的纸条。海女们首先在渔协组合里将携带的酒、饼、米等供奉到八大龙神的挂轴前。挂轴下摆着两只新鲜的鲍鱼，当地称黑鲍和赤鲍，表示雌雄一对，寓意阴阳相合。5 月是采鲍的季节，海女们模拟撬鲍鱼的动作，用铁铲敲打木箱，然后合掌祈祷。有些海女还抚摸八大龙神的挂轴，然后将手贴到自己的头部或胸

抚摸鲍鱼祈求海神的保佑

八大龙神挂轴

石镜海女供奉八大龙神

部，希望得到八大龙神的保佑。八大龙神前的祈祷仪式结束之后，海女们又来到渔村的高台上，将酒、饼、米等撒在上面，然后面朝大海做祈祷。细雨绵绵，我擦着相机上的雨水，记录着她们的每一个细节。有些海女又来到自家船头前或地藏菩萨前做着同样的祈祷。

曾经采访过我的《每日新闻》记者林先生也在场。他问其中一名72岁的老海女："以前也在八大龙神的挂轴前祈祷吗？"老海女回答说："当然了。自从嫁到这里，八大龙神的挂轴就一直安放在这里。"

有关八大龙神的信仰无法推溯有多久，也没有记载。龙神或龙王信仰是海洋民族自古以来的共同信仰，尽管每个地域的信仰形式有些不同，可是信仰本身却一直保留至今。

过去，石镜海女每到除夕的深夜就会赤身裸体在海中沐浴。用古语说就是被褉，解释为洗涤污秽，消除不祥。这里的严冬虽然没有达到摄氏零度，但是冰冷的海水浴不是一般人能够忍受的。据说，她们将海水浇灌头部3次，然后合掌做祈祷。日本民俗学者堀田吉雄

（1899—2002）在其著作《生きている民俗探訪三重》中写道："很多摄影爱好者怀着好奇心，想来偷拍海女的裸像。但是当地人已经提前做好了防范，不准任何人拍照。乡里人认为这是一种亵渎神灵的行为。海女沐浴是将秘所专门给龙神看的，以便祈祷一年的渔业丰收。"遗憾的是，现在这一习俗已经消失，无法考证了。

　　不管是清明扫墓也好，祈祷八大龙神也好，人们需要追思过去的节日。因为，过去是未来的一面镜子。

7　海上泼水节

　　泼水节属于水文化。水是生命的源泉，承载着源远流长的文化脉络。三重县志摩市岛屿众多，海陆交织，古代称志摩国。

　　每年农历六月一日举行的海上泼水节（日语称潮かけ祭り）号称奇祭，在整个日本都属罕见。按照当地的习俗，这一天是庆贺当地海神"市杵岛姫命"，一年一度从志摩市志摩町和具的八云神社回归海上大岛祠堂的日子。海女和渔夫们一大早就把采到的鲍鱼、海螺等新鲜的海产品供奉到乘船约15分钟距离的大岛祠堂。在归航的途中，人们相互泼水净身，祈祷出海作业的安全和渔业的丰收。

　　2012年7月19日（农历六月一日）清晨，我从鸟羽市开车前往志摩市志摩町和具渔港。志摩市的海上泼水节远近闻名，即使是素不相识的人也会互泼海水，据说看这个泼水节携带相机不太安全，开始有些踌躇，就配上了望远镜头。

　　志摩市和具渔港从早晨开始就人声鼎沸、锣鼓喧天。年轻的男人脱光了上身，喝着啤酒在船上等待出航。年轻的女子也不甘示弱，大声吆喝着，整装待发。30多艘渔船满载着人们的兴奋和喜悦。

　　我没有乘船，只是在岸边观望。当地渔协的代表们乘坐的万度船驶向大岛（无人岛）后，其他的船只紧随其后，浩浩荡荡地驶向海中的大岛。

大岛上的祈祷仪式结束后，海女们乘坐的渔船首先归航。为了拍摄海女，我马上奔向她们。可是万万没有想到，这些刚刚上岸的海女们手中拎着满满的一桶海水，走到近处猛然向我泼来。相机躲过一劫，我却接受了海水的洗礼。这些年迈的海女居然还会搞恶作剧，将拍摄她们的人一一用海水还礼。当地人说，接受海水的洗礼会消灾祛病，幸福吉祥。当我穿着湿淋淋的裤子返回岸边时，一根埋伏在近处的高压水管直接朝我喷射过来。这一下立刻让我变成了落汤鸡，还没有反应过来的时候，就听到周边的一片笑声。

　　我曾在日本各地拍摄传统的民俗节日，对开水沐浴、烟熏火燎、泥水染身等稀奇古怪的事情已经见怪不怪。日本的祭日就是一种壮"阳"的空间，从平常的污秽升华到扑朔迷离、眼花缭乱的世界，并将喜怒哀乐表现得汹涌澎湃、淋漓尽致。生活在底层的市井百姓，在这一天也变成了主角，他们尽情地发泄、欢呼达到了脱逸、忘我的境界。

手拎水桶的海女

海上泼水节

　　海上 30 多艘渔船和人群在水花四溅的海港畅游、狂欢，接受着洗礼。这是平日里看不到的景象。每个人的衣服都被淋湿，每个人的脸上都挂着止不住的笑容。我在想，如果下次再来，应该带上防水相机和雨具，和当地人一起狂欢，尽兴到底。

8　布施田小岛节

　　三重县志摩市志摩町又称"先志摩半岛"，位于志摩半岛的最南端。这里生活着一群保守的渔民。由于高龄少子化等原因，几乎看不到年轻海女的身影。

　　志摩市志摩町外靠太平洋，内接英虞湾，从西至东分别由御座、越贺、和具、布施田、片田 5 个渔村构成。和具与布施田之间的海上

面朝大海的祈祷仪式

有两处无人岛，大岛属于和具，小岛属于布施田。相对和具举行的海上泼水节（又称大岛节），布施田的小岛节（每年农历六月四日举行）则显得默默无闻，知者甚少。

2015年9月16日，为了采访海女田边京子，我曾来过这里。2016年7月7日上午9点，我再一次来到志摩町布施田。布施田渔港的上空垂挂着各色图案的大渔旗，人们聚集在渔港周围。海边摆着祭坛，两旁的旗帜上写着"白龙大神"四个大字。因为海上作业常常伴有生命危险，渔民信仰笃厚。

上午9点半，由当地近30名学生组成的乐队面向大海演奏乐曲。之后，祭坛上开始供奉水、米、盐、酒、鲍鱼、鲷鱼、海螺、海带、水果等供品。

上午10点，渔乡的渔夫和海女站在祭坛之前，跟着祭司一道祈祷海上作业平安和渔业丰收。祈祷仪式结束后，人们争相围到祭坛周围，每个人都要喝一口祭坛上的清酒（日语称神酒）。祭坛前摆着3块

祭坛上的供品

人们将白米和盐撒在石头上

石头，据说是从小岛上拾来的。海女们将白米、盐和清酒撒在石头上，虔诚地合掌祈祷，将心中的愿望寄托于大海，她们唯一能够做的仿佛就是祈祷。

祈祷结束后，渔民们纷纷离开现场。渔协的负责人最后将祭坛、旗帜和3块石头收拾得干干净净。海边又恢复到原来的样子，只有海浪和缓地拍打着沙石。小岛节就这样默默无闻地举行，默默无闻地结束，未免有些孤寂。观看小岛节的外来人只有我一个人，当地的媒体也不会把它当作新闻报道。我想，这种质朴的海女节没有任何经济利益。当地人却年复一年地传承着这种海神（白龙）信仰，只是为了与祖先做一次心灵上的小小沟通。

9 片田海女节

志摩半岛的最南端耸立着一座白色的灯塔叫麦崎灯塔，麦崎灯塔位于志摩市志摩町片田，从这里可以俯瞰浩瀚的太平洋。

据说在麦崎灯塔附近的海域，曾经有9名海女在农历六月十三日这一天下海采集鲍鱼和海螺，直到傍晚也没有回来。村里人全部出动到海边搜寻，只看见9只木桶漂浮在海面上。人们认为9名海女被带到了龙宫，因此附近的海域被称作龙宫井户。从此以后，村里人将农历六月十三日指定为海女的休息日。每到这一天，海女们便制作9支小竹桶和3升3勺白米做成的白饼一同供奉到龙宫井户附近的海中岩礁上，以此来安抚八大龙王并祈祷遇难海女的冥福。

2016年7月16日清晨6点，我便来到了志摩市志摩町片田渔港。海边被雾气笼罩着，有几名垂钓者正在静静地享受着清晨的时光，因为不知道祭坛的确切位置，我忙着四处寻找祭坛。像这种偏僻地域的古老习俗大多都没有详细的资料记载，所以只有亲自奔赴现场一探究竟。

我在片田海港转了半周也没有找到海女节的举办地点。正在海边徘徊时，迎面有一名年轻女子骑着摩托车驶来。我背着两架相机，匆忙向她打招呼。当她得知我的来意后，便让我紧随其后。她在小巷间穿梭，我一路小跑。最后，她把我带到海港的相反方向，虽然只有 10 分钟的距离，可是对于外来人来说，如果没有当地人做向导真是很难找到这个地方。当我抵达的时候，祭司与渔夫们正在附近的海边摆设祭坛。我谢过为我引路的年轻女子，她骑着摩托车一溜烟似的远去了。

　　渔乡的人性格比较粗犷，说话喜欢直来直去，对外人有很强的警戒心。前些天，我在附近的渔港就遇到了一名老海女非常不客气的回应。诸如"那又怎么了""与你有什么关系"等不友善的回答，仿佛要吵架的态势。我带着善意而来，遇到这种情况只能默默地离开。身在异乡，想要做成一点力所能及的事情，只有一忍再忍。

　　清晨 6 点半，海边的祭坛朝着日出方向摆设完毕。祭坛上供奉着盐、米、酒、白饼、鲫鱼、白菜、西瓜和 12 支竹筒。7 点，近 30 名海女与渔夫聚集在海滨，随着祭司一起举行祈祷仪式。清晨的海边静

海边举行的古老仪式

片田海岸的祭坛

祈祷的海女

悄悄的，观看仪式的只有我与当地的摄影家阪本博文和记者出身的下村惠美。阪本先生和下村女士也是热心于民俗文化的人，今天他们比我晚来了一步，我们在伊势志摩的民俗节上时常不期而遇。

祈祷仪式结束后，海女们纷纷将祭坛上摆放的白米和白饼放入自己带来的木箱或塑料袋中，她们在海边拾来 3 块小石头，将米和饼点缀在石头上，然后虔诚地合掌祈祷。她们面前用黑石和白米垒成的三角形状，仿佛是白雪灌顶的山体模型。之后，几名海女代表来到麦崎灯塔附近的海域，将小小的竹筒投进大海，并在海边的岩礁和祠庙等多处地点供奉白饼、洒清酒，然后合掌祈祷。

我与阪本先生和下村女士紧跟在片田海女的身边，拍摄她们的一举一动。她们身着平日的服装，看起来与平常的妇女没什么区别，可是看着她们在海边祈祷的样子，就知道她们对大海有多么敬畏了。

下村女士问及她们的生活状况时，海女们回答说："在海中劳作，安全与健康比什么都重要。"她们虔诚地祭奠死难的同胞和祖先的同时，也是为了安抚自己的心灵。因为，眼前的大海不仅孕育着丰富的海产，同时也暗藏着猝不及防的生命危险。

10　海中石佛信仰

日本志摩半岛的西端有一处御座渔港，属于三重县志摩市志摩町。我曾来过几次御座，夏天的白滨海水浴场，是年轻男女度假的胜地。

御座渔港附近有一处海中石佛（地藏菩萨），当地人称潮仏或是下神。海中石佛在涨潮时没入水中，退潮时浮出水面，在整个日本都属罕见。潮仏仿佛是当地海女的替身，说是能够治愈女人下身的疾病。

每年 3 月 15 日是御座海女祭拜潮仏的日子，日语称"潮仏例祭"。

2013 年 3 月 15 日清晨，我走访了志摩市志摩町御座渔港。因为赶在退潮时，潮仏露出水面。佛前供奉着生鱼、新米、赤豆、清酒、

海中石佛

地藏护符等。当地海女陆续来到海边。上午 10 点，一位老和尚在潮仏前诵读经文，许多位海女烧香祭拜，朝着大海合掌行礼，静谧的海边有一种说不出的忧伤，道不尽的思绪。

一名老海女，将皱纹密布的双手搭在拐杖上闭目合掌，静静地祈祷。她们从古至今靠海为生，时间并没有风化她们对大海的虔诚与敬畏。

我仔细阅读了有关御座潮仏的介绍，看板上写着：地藏尊是救济地界的慈悲之佛，它的信仰从平安时代（794 年 −1192 年）到镰仓时代（1192 年 −1333 年）逐渐兴盛。此地石佛地藏尊也是从那个时代开始镇座于这个海浦，与众生结缘的。……腰下病苦之妇人、想要孩子的人祈祷安产的人、调节生理的人，来这里祈愿的人每日不在少数。

日本到处都可以看到路边的地藏菩萨，绑着红围兜的地藏与水子供养有关。水子是指尚未出生的孩子，也就是指羊水或水中的生命。在日本，水子泛指死亡的胎儿。水子纯粹无垢，没有形状，其供养方式充满了慈悲，就像路边的花草。每尊地藏菩萨就像是婴儿的守护神，

潮仏例祭

是日本民众期待生命得以延续的最朴素的供养形式。

海女们常年在海上劳作。几千年来，生命在船上、海边诞生的情况时有发生。志摩半岛的姓氏当中常见滨、滨口、滨崎、浦口、江崎、矶和、中岛、小河、小川等与江、河、海、川、岩、矶、岛等有关系的姓氏。海中地藏被安放在志摩半岛的西端并不为奇。因为，大海本身就是孕育生命的母亲。

11　投掷石经供养祖先

日本人的日常生活与佛教密不可分。如果今生是此岸，那么来世就是彼岸。彼岸是以春分或秋分为基点，前后为期一周。每当彼岸来临时，日本人有上坟烧香、供养祖先的习俗。

2015年3月21日是春分。3月18日是进入彼岸的第一天，我在三重县志摩市亲眼观看了海女投掷石经，供养祖先的传统仪式。

三重县志摩市靠近太平洋，是志摩半岛的重要组成部分。志摩（SHIMA）与岛字的日语发音相同。这里岛屿众多，海岸线曲折，自古就居住着以采集鲍鱼和各种海产品为生的海女。

志摩市阿儿町现在只有20多名海女，大多是上了年纪的高龄海女。

3月18日清晨9点，当地的海女和渔夫一同到附近的青峰山正福寺进行祈祷。上午11点，人们返回到阿儿町志岛的西之滨海岸后，在空旷的海滩上很快就摆好了简单的祭坛，上面摆着海女的头巾、命绳、腰带等贴身的用具。旁边还有写着《般若心经》经文的小石子，当地人称石经。石经是海女们从海边拾来的大约3厘米的小石子，拿到当地的寺院后，经过和尚之手书写而成。

我看见两名海女在200多块石经中寻找着代表吉祥的文字，她们找到了写着"增""多""若"等文字的石头，并放到了海女贴身的用具上。上午11点多，海藏寺的住持站在祭坛前，面朝大海诵读般若心经。海风徐徐袭来，海浪有节奏地拍打着海岸，溅起层层浪花。20多名海女和渔夫，每人手持一炷香，合掌做祈祷。

短暂的仪式结束后，海女们纷纷将石经投向大海。石经沉入大海

石经

祈祷

的同时也带走了她们小小的心愿。那就是保佑她们的出海作业安全和渔业丰收。这片海域不仅是她们赖以生存的空间，也是她们的祖祖辈辈生活的地方。

在无限的时空隧道中，色变成空，空又还原到色。生命在色与空之间，时而增多，时而减少。但愿这些弱势的海女和这片海洋有一天还会呈现丰饶的景致。

12　走访白滨海女节

日本是岛国，土地面积为 37 万 8 千平方公里，在世界排行第 61 位，可是海洋面积是陆地面积的近 12 倍，至今（2016 年）为止，世界排行第 6 位。日本看起来小，却是海洋大国。每年 7 月第三个星期一，是日本法定节假日，称"海之日"。海之日于 1995 年制定，主旨是感谢海洋的恩惠，祈祷海洋国家的繁荣。当初定的是 7 月 20 日，2003 年改定为 7 月第三个星期一。可想而知，海对这个国家是多么的重要。

千叶县房总半岛曾经是日本海女众多的地域。半岛的最南端是南房总市白滨町。日本多处海滨都称白滨，最有名气的白滨町是和歌山县的"南纪白滨"和房总半岛南端的白滨町。每年"海之日"前后，白滨海女身着传统白衣手举火把在夜幕降临后，一齐步入海中进行海女大夜游，是日本国内广为人知的海女节之一。

白滨海女节　日本千叶县南房总市

2013 年 7 月 19 日（星期五）夜，酒店的工作结束后，我拎着两架相机，开着我的老车，从三重县鸟羽市出发直奔千叶县南房总市的白滨町。因为白滨海女节就在第二天夜里举行。汽车导航仪显示，到白滨町需要近 8 个小时，车程为 575 公里。难得的休息，还要顺路观看一些其他景点，夜行可以节省很多时间，对于像我这样的海外打工族来说是再合适不过的选择了。走高速公路费用高，在三重县境内，我往往会选择走不收费的一般道路。深更半夜，一个人在日本的乡间小路上飞奔，疲惫时就在路边假眠一下。

第二天（7月20日）清晨9点半，我来到了神奈川县藤泽市鹄沼海岸。

1935年7月17日，中国国歌《义勇军进行曲》的作曲者聂耳（1912—1935）在这片异乡海岸游泳时成为不归之客，年仅23岁。这里有聂耳纪念广场，离海岸不远。海边人流涌动，可是聂耳纪念广场却空无一人，我一个人默默地观看着他的短暂生平和碑文上铭刻的文字。聂耳1912年生于中国云南省昆明市，他像一颗流星一样，没有活到解放，没有听到他的曲子被传唱到大江南北，就离开了人世。1954年藤泽市民为他设立了纪念碑，1986年藤泽市长叶山峻题名"聂耳纪念广场"。这里还有已故郭沫若（1892—1978）先生的题词"聂耳终焉之地"。我默默地合掌悼念后，再次来到海边。在蓝天碧海之间有很多的年轻人，有的在玩儿沙滩排球，有的在游泳，有的在进行冲浪运动。一对年轻的恋人依偎在海边，静静地看着大海。海边不时地传来他们的欢笑声。可是，我的心里却充满了无尽的寂寥和惆怅，就像那海浪

聂耳纪念广场

一样一波接着一波。

我想起了那个时代的一些人，一些与日本有缘的伟岸之人。鲁迅（1881－1936）先生于1902年留学日本，后来弃医从文，通过《呐喊》，想唤醒人心。郭沫若（1892－1978）于1914年留学日本。1924年在日本人的鄙视下，从福冈迁移到佐贺县佐贺市近郊的熊川温泉进行疗养与创作。在僻静的山谷里创作了自传体小说《行路难》。

陈寿著《魏志倭人传》载："又渡一海，千余里至末卢国，有四千余户，滨山海居，草木茂盛，行不见前人。好捕鱼鳆，水无深浅，皆沉没取之。"其中"末卢国"是指现在的佐贺县唐津市一带。唐津市是隋唐时期日本派遣唐使和留学生出入的门户，因此叫唐津。津又指渡口，港口，水。我刚来日本留学之地，三重县津市，就位于海口。

1998年3月28日，我从大连飞往大阪。从大阪市上本町转乘近铁来到三重县津市的留学生会馆时天已漆黑。好心的医学部留学生先辈给我煮了碗海鲜方便面，吃得我直恶心。那个时候，我对海鲜类有一种天然的水土不服。之后又在海边的渔场打工，刮鱼鳞，晒小鱼，收拾螃蟹等，满身的鱼腥味。到日本人家里做客，端上来的生牡蛎不得不吃，那土腥味让我想呕，还得敷衍说好吃。

我离开藤泽市鹄沼海岸后，顺路来到不远处的武家古都镰仓市。日本镰仓时代是武士掌权的时代。当时正赶上宋末元初的动荡时期，许多南宋禅僧与文人为了避难而东渡日本，是日本佛教和禅宗兴盛并普及到广大民众的历史时期。镰仓市最有名的两处景点是建长寺和镰仓大佛。

建长寺是日本镰仓幕府第五代执权北条时赖（1227－1263）邀请南宋禅僧兰溪道隆（1213－1278）于1253年创建的日本最早的禅寺，也是日本最初系统普及禅宗的寺院。唐朝僧人鉴真和尚（688－763）东渡日本宣传佛法成为佳话，可是普及禅学禅宗的南宋僧人兰溪道隆却显得默默无闻。

三重县鸟羽市南端的畔蛸町是一处静谧的渔港，这里曾经是海女的故乡。靠近海岸的地方有一座木造的禅院叫西明寺。据寺院的住持说，开山祖师是800年前的南宋禅僧兀庵普宁（1197－1276）。兀庵普宁是四川成都人，与兰溪道隆同门同乡，是建长寺的第二代住持，也是北条时赖的禅师。时赖死后，兀庵普宁在归宋的途中路经太平洋沿岸的志摩半岛，并在鸟羽市畔蛸町待了一段时间。为了祈愿时赖的冥福，兀庵普宁在畔蛸町搭建了一座草庵，这便是今天西明寺的由来。如今，为日本的禅文化奠定基础的兰溪道隆和兀庵普宁等人的名字在中日文化交流的历史长河中几乎无人问津。走访建长寺和镰仓大佛其实也是为了给远渡重洋，饱经苦难，传播禅学的僧人以及在滚滚波涛中没有实现夙愿的人们在心中化个小小的缘。

当天下午，我乘坐东京湾渡轮，第一次来到千叶县房总半岛，并驱车赶往半岛南端的白滨海岸。下午4点左右，我来到这个被太平洋冲洗得岩礁密布的南房总市白滨町海岸。这里酒店林立，看起来是一处海滨度假胜地。当我看到一群人时，马上将汽车停在附近的停车场，拎着我的两架相机匆忙地朝着人群跑去。白滨海女节会场就设在海边的野岛崎公园内。

拥挤的人群中，刚好看见3名海女装扮的年轻女孩儿从舞台上走下来。我马上将镜头瞄向她们，周边的人也围了过来，3个女孩儿立刻变成了海女模特。之后，我与另一名游客在海边拍摄了其中的一名女孩儿，留下了一张值得纪念的年轻海女像。海女是属于水上生活者，这种生活虽然原始，但是对于自然界来说是一种最低程度的摄取。可是，传承海女一职的女性大多已经超过了60岁。每当看到年轻的海女，我这个异乡人就像看到了一丝希望，这种希望尽管与我个人无关，可是与我们的子孙后代和将来却有很大的关系。

会场上分小学生组和中学生以上组参加海女竞选。这种活动无非是希望孩子们能够关心海女，并期待海女一职后继有人。这里过去曾是海女生活的地域，现在却成了旅游度假胜地。真正的海女寥寥无几，靠海女为生是一种艰难的选择。海洋尽管具有净化和再生的能力，可

年轻的海女出口祐子

是无止境的猎取、破坏和看不见的污染，让海中的生命变得枯萎、变异，或是集体自杀。海水在升温，整个地球都在升温。

孩子们穿着白色的海女服，手拎着木桶、铁铲等海女用具，竞相表现自己是最出色的小海女。中学生以上组的竞选中，刚刚在海边被我拍照的年轻海女获得了海女桂冠。她叫出口祐子，家住附近的馆山市，有 3 年的海女经历。她站在舞台上说："喜欢大海，感谢大海给予的恩惠。"她给我留下了深刻的印象。

舞台上继续表演传统歌谣、太鼓和海女舞等节目，让远道而来的观众感受到海乡的古老气息和风情。白滨海女节最高潮的一幕是几十名海女在暗夜里点燃火把在海中游泳。大多数游客都是为了观看夜间的海女大夜游，我也是其中之一。

白滨海女节之所以点着火把夜游，据说过去在这片海域有一艘渔船在黑夜里沉船，渔夫们被卷入海浪之中，白滨海女手举火把彻夜搜寻。后来为了祭祀遇难的海民，白滨海女通过点燃火把夜游的方式供养遇难者的灵魂。

海边挤满了人，我也早早地将三脚架放在电台、报社等媒体们专用的位置旁边。天还没黑，海边就已经摆满了三脚架、椅子、铺垫和看位子的人。千里迢迢来到房总半岛，目的就是为了拍摄海女夜游的画面。我是孤身一人，占了位子后不能轻易离开。不是担心三脚架被人抬走，而是要遵守一个原则。周边的人都是轮流站岗值班，我却不能擅自离开。

路边的海鲜店和夜市里传来了烤鱼、烤肉等各种香味，香味弥漫在海滨的夜空。夏天昼长夜短，看着人们在灯火阑珊的夜市中穿梭往来，我一个人孤单地守候在角落里。

晚上 8 点，海中点燃了一束火把，照亮了四周。海边生活的人信仰诸多，神社里祭拜的神灵也多是与龙神、水神有关。船上开始上演弁财天舞（弁财天是日本七福神中唯一的女神）、龙神舞、弁财天与龙神之战。8 点半，60 多名身穿白衣、手举火把的海女们由远至近，从

白滨海女大夜游

黑暗中走来。海边忽然变得躁动起来，人们哗然，闪光灯四处闪耀。我的两架相机也忙个不停，为了捕捉黑夜中移动的海女，不停地按着快门。海女们手拎着火把陆续下海，不一会儿，海上的火把连成了圈，不停地转来转去，那火光像火龙一样一点点升腾，照亮了四方。火光倒映在海面上，海浪也放射着七彩，炫目的景致迷倒了无数的观众。当海女们湿着身子上岸时，掌声四起。海女的夜游结束后，夜空中升起了美丽的烟花。

　　深夜，我一个人躺在白滨海岸的一家民宿里，茫然若失。回家的路尽管漫长，可是终有归宿。每当想起房总海女，眼前就会浮现那一束束火把将黑夜照得通明。热情在种种磨难中不是被熄灭，就是燃烧得更旺。

13 北限海女节

2011年3月11日下午2点46分，日本东北发生了9级地震，史称东日本大地震。从此，我的足迹开始延伸到日本的东北部。

刚来日本读书时，看到日本大学里的教室不仅干净而且明亮。大白天，教室里的灯都点着，未免觉得有些浪费。因为在国内读书时，白天几乎没有开过灯。原来岛国的海边建设了许多核电站，供电能力是极强的。可是2011年3月11日发生的地震、海啸、加上核辐射，使得福岛县、宫城县、岩手县许多海域和广大的土地变成了焦土。祖祖辈辈生活在福岛的人，为了躲避核辐射，不得不背井离乡，远离故土。

当我从网上看到中国网友的赈灾歌《日本不悲伤》时，我的心再一次震颤，那一幕幕惨不忍睹的画面，那一声声高亢的"日本啊，日本啊"促使我连夜将来自中国的爱心翻译成日文，并在我的"日本纪行"日文版中发表，第二天转发给相识的日本人，让岛国人知道爱心是没有国界的。

那年秋天，我第一次踏上了日本东北的土地。2011年11月12日，我开车路经栃木县日光市的世界遗产"日光东照宫"，傍晚时来到福岛县须贺川市观看当晚在市内五老山举行的须贺川松明火把节。我饥肠辘辘地看着高10米，重3吨的20多根巨型火把将夜空照得通明。人们不分老少呐喊助威，心潮澎湃，如醉如痴。当晚8点多，我在市内的一家小酒馆里喝了许多当地的酒，听了许多地震当天发生的故事。据老板说，地震那天酒馆里的酒瓶碗碟都碎了，人心也碎了。我听着那些令人悲哀的往事，酒也喝得过量了。第二天本打算去仙台（宫城县），再去海边看看，可是清晨没有醒来，只好往回赶。因为我还要回鸟羽，回酒店上班。

2013年4月，日本央视NHK播放的晨间剧《海女》在整个日本掀起了热潮。但是这个热潮没有烧到三重县鸟羽市，尽管这里是日本海女生活最多的地方。《海女》描述的主人公阿秋（能年玲奈扮演）是在东京长大的腼腆少女，跟随母亲回到东北老家，在祖母的影响下决心做海女的故事。晨间剧《海女》有意无意地宣传了在岩手县久慈市宇部町小袖海岸生活的北限海女（意指活在日本最北端的海女），并通过北限海女促进旅游观光，支援震灾地域的重建。北限海女开始在新闻报纸上频频亮相，我对生活在寒冷水域的北限海女也产生了兴趣。

出于对震灾地区的关心和对海女文化的执着，我于2013年8月3日至4日，抽出两个休息日再次北漂。

8月2日晚上，我从酒店回到家中，拎着两架相机和行李，然后乘坐近铁去名古屋。从名古屋到东京的最后一班新干线是晚上10点10分发车，我刚好来得及赶上这最后一班列车。深更半夜的东京像是一个美丽佳人，处处灯火通明，不怕没有地方休息。

8月3日清晨，从东京到仙台的第一班东北新干线是6点钟发车。早晨7点32分，我第一次来到因鲁迅而知名的仙台。宫城县仙台市是日本东北最大的城市，大约有106万人口。我没有时间停留在车水马龙的都市里，在车站的附近租了一辆汽车后便开始在日本东北的道路上飞奔。

宫城县石卷市海岸是灾情比较严重的区域。我从仙台开车，途中路过日本三景之一的松岛海岸，美景尽管让人驻足，可是我没有心绪观望。上午10点半左右，我来到了第一个访问地，石卷市立门胁小学校。门胁小学校离海岸约有1公里的距离，并且在山坡之上，可是地震、海啸和火焰也把这所三层楼高的小学校吞噬了。

2011年12月31日的红白歌会中，日本民谣歌王长渕刚就站在门胁小学校的校庭前唱了一曲赈灾歌《一条心（ひとつ）》打动了成千上万人的心，我也深受感动。之后，我查阅门胁小学校的资料，校舍被烧得只剩下钢筋水泥的外壳。每当想起灾区的苦痛时，我也常常去唱那曲《一条心（ひとつ）》。

炎热的夏天，孩子们正在帆布裹住的校庭前练习打棒球，我找寻着长渕刚在此唱歌的足迹。路边几乎看不到人影，一位孤零零的老人正在目不转睛地观看孩子们奔跑的身影。我问老人："长渊刚在红白歌会唱歌的地点是在这儿吗？"老人没有吭声，只是轻轻地点点头。校庭的对面是一片杂草丛生的旷野，原来这里都是住家。突来的地震和海啸将这里的人家和生活都给冲没了。路旁的一个突起的柱子上标记，当时的海啸高达 6.9 米。我来到海边，海边的道路上依旧停留着好多辆没有主人的废车，两年多过去了，灾区并没有多大的改观。旁边的卡车正在不停地运载着废车，那废车像废铁一样堆成了小山。一望无际的大海看起来浑浊，自然本就是无情的。

当我回到门胁小学校前的路旁时，当地的职员搭建了一处临时的露天售货台，旁边还挂着震灾时的照片。售货台前站着三三两两的客人，询问震灾时的情形。我也问了一些琐事，包括长渊刚为什么会选择在这里唱歌和小学校会不会重建等。中年妇女一一解答，很是友善。临走时，我也不能空手，可是售货台上摆着的那些东西实在是太寒酸了。用树枝做成的手工筷子也是捐赠来的，几百日元一双。就算是一点儿心意，我买了一双筷子。离开时，我从汽车里最后瞥了一眼售货台。中年妇女好像在哽咽，白色的手巾挡住了她的视线，我不忍心再回头，踏着油门离开了灾区前线。

我开始朝着青森县北上。这次行程里还安排了去青森县南津轻郡田舍馆村观看稻田艺术和在青森市举行的灯笼节（又称睡魔祭）。观看田舍馆村的稻田艺术要赶在下午 4 点半之前。300 多公里的行程，我没有时间吃午饭，也没有时间休息。我看到了日本东北乡下的稻田艺术，晚上在青森市内举行的灯笼节热情似火，让人流连忘返，可是，我还要赶路，第二天清晨还要去岩手县久慈市观看北限海女节。深夜，我在八户市（青森县）车站附近找了一家简易的宾馆住下。4 日清晨，我在右腿的痉挛中惊醒。也许是前一天踩油门的时间太久了，整个右腿变得僵硬无法移动。3 个小时过后，我才可以缓缓地走路，勉强地踏着油门奔赴岩手县久慈市。

北限海女节在每年 8 月的第一个星期日举行。为了目睹北限海女的风采，8月4日上午10点，我终于赶到了久慈市。从久慈车站到海女们生活的小袖海岸需要乘坐专用巴士。上午10点30分开往小袖海岸的巴士里座无虚席，我的两架相机都觉得有些占地方。

车窗外是太平洋的海浪削割出的断崖、峭壁和奇岩，连成了一片独特壮观的海岸线。在这种荒凉的海域里居然还生活着一些海民，我感觉这里的海女一定饱经风霜，坚忍无比。

30分钟后，我与众多的游客一起踏上了这块人烟稀少之地。小袖海岸的入口处写着："欢迎来到海女的故乡"，这让远道而来的游客感到很欣慰。沿途上有许多海女装扮的中小学生穿梭在人群之中。看惯了现代人的装束，反而觉得传统的可贵，一股亲切浓厚的乡土气息充满了小袖海岸。

海边的看板上写着：久慈市宇部町小袖海岸位于北三陆，1971年被指定为陆中海岸国立公园。2013年改称为三陆复兴国立公园。宇部

海女装扮的中学生

小袖海岸

潜水表演

町海女的历史悠久，从二子贝塚（久慈市内）出土了距今约 2500 年前的绳文人为了潜水捕鲍，用鹿骨做成的骨铲。

北限海女的潜水表演是由中年海女和高中生海女俱乐部的学员共10 名成员一起完成。当她们身穿传统绁织上衣和白色短裤出现在人们面前时，周围掌声四起。海女们每当潜入海中捕捞海胆露出水面时，掌声与欢呼声不绝于耳。我想起了在御木本珍珠岛（三重县鸟羽市）看到的海女表演。对于多次观看海女下海打捞的人来说，这些观光海女相形见绌，不足为奇。不过，真正的海女已经变得稀少，在小袖海岸还能看到高中生海女俱乐部的学童已经是难能可贵的事情了。不久的将来，她们或许就是补救海女文化的一种希望。从此，我对观光海女的印象也有了改观。

北限海女的潜水表演结束后，围观的群众纷纷与海女们留影纪念，我也顺便留了一张纪念照。中午简单吃过饭后，我依依不舍地离开了久慈海岸。

同样是日本东北的海岸，宫城县石卷市门胁小学校前的海岸一片荒凉，而岩手县久慈市海岸却热闹非凡。

第三章　日本海女采访实录

从 1998 年来日本留学，后来到三重县鸟羽市工作，没想到与日本的民俗文化产生了不解之缘。从广义上看，日本属于海洋民族，可是令人意外的是介绍海女的历史文献却少得可怜。除了现存的海女节之外，我只能通过海女们的口述，了解更多的真实。

位于日本中部地区的三重县，从地图上看犹如一只展翅翱翔的大雕。伸向太平洋的头部是伊势志摩，这里的岛屿星罗棋布，绵长的海岸线上孕育着千古不变的海洋文化。

伊势志摩从很早以前就有美食之国的称号。这里不仅盛产伊势龙虾、天然鲍鱼、海参等名贵的海产品，还有海胆、河豚、牡蛎、鲷鱼等丰富的鱼贝类。自古以来，这里的人们靠海为生，拥有日本最多的海女。在整个日本，三重县鸟羽市相差町的海女人数最多也最为活跃。相差町的多数海女亦渔亦商，她们一边下海打捞，一边经营旅馆或民宿。其中我采访的很多海女都生活在这片海域。

1 三代海女之家

当我打算采访海女时，首先想到的就是鸟羽市相差町的中川静香一家。

从 2010 年开始，当我走访鸟羽市渔乡时，就听说相差町出了一名正在读大学的年轻海女中川静香。她人长得漂亮不说，为了继承母业居然放弃到大城市发展的机会，选择在家乡做一名海女这条不平凡的人生路。如果是在六七十年前，这样的事情并不稀奇，也不值得一提。过去，这里的女孩子上中学时就得学做海女，如果女孩子不下海、不学习打捞那是很难找到婆家的。可是现在，渔村的孩子大多都跑到城市里，留下来的人也都选择比较轻松的工作，没有几个人会愿意当海女。

女孩子爱打扮好漂亮，一旦成了海女就意味着与这些无缘。经济的高度发展带来了生活上的安逸。现代的年轻人就像温室里栽培的花朵儿，怎么能经得起风吹日晒呢。如今的日本社会，高龄少子化问题日渐严重，传统文化也在逐渐消失，维持海女文化谈何容易。

三代海女（中川早苗 中川寿美子 中川静香）

2011 年 12 月 19 日，我第一次走进了大学生海女中川静香家经营的民宿，在那儿结识了三代海女——中川静香、静香的妈妈（中川早苗）和静香的奶奶（中川寿美子）。迎接我的是年轻的海女中川静香。她穿着朴素，一双又大又亮的眼睛给我留下了深刻的印象。

自从静香选择当海女，中川一家三代海女的名声就不胫而走，来旅馆的客人也越来越多。正在读大学二年级的中川静香是个很顾家的女孩儿，只要一有时间就会在家里帮母亲照料旅馆的事务。今年 20 岁的中川静香虽然经常登报纸上电视，可是她却是一个平易近人，没有一点儿架子的普通女孩儿。

听静香说，高三时她曾和好友谈起过自己想做海女的事情，好友听了立刻反驳说："海女是奶奶们的工作，不是我们年轻人该干的。"高中毕业后，一起长大一起读书的 30 多名好友都离开了家乡，留下来的只有她一个人。就在那时，静香决定继承祖业，一边上大学，一边跟着妈妈和奶奶下海学习打捞的技术。第一次下海是在 2009 年 10 月，花了 90 分钟只采到一颗小海螺。一起入海的 70 岁的老奶奶比自己游得深、潜水时间长，而且还采到了包括鲍鱼在内的各种丰富的海产品。这样的情景让从小在海边玩耍、擅长游泳的静香很不甘心。随着下海次数的增多，静香的潜水技术也在不断地提高。可是和干了一辈子海女的奶奶相比总是有差距。奶奶告诉静香：海女的技术不是别人教的，要靠自己去磨练和掌握。但是有一点要记住，潜海时绑在腰上的安全绳如果被岩石等东西刮住时，马上要把绳子从腰间解开让自己获得自由，不然会有溺死的危险。海女的世界，是竞争的世界，如果不想输，就只有踏踏实实地磨练自己的技术。听了这番话，静香暗下决心，总有一天要成为像奶奶一样优秀的海女。

两年过去了，中川静香对自己当初选择做海女并没有丝毫的后悔。她说："如果能把自己打捞上岸的新鲜海产提供给自家旅馆的客人，那是很愉快的事儿。"我问静香将来的梦想是什么？她回答说，既然选择了做海女，就希望自己能够坚持下去。我问她对中国的印象时，她说

相差町的土地庙"石神"

现在大学里会教一点儿汉语，中国的大熊猫非常可爱，很想尝尝北京烤鸭。如果有机会去中国旅游，很想去上海和北京等大城市……

采访静香时，她母亲一直坐在旁边。中川早苗出生在三重县南伊势町，是嫁到鸟羽市相差町之后才开始当海女的。她一边当海女一边做女将（旅馆的老板娘），家里的大小事务也都是由她来负责。每年5月7日和除夕夜，她一定要去拜当地的土地庙"石神"。石神是相差海女的守护神，据说能够实现女人一生当中的一个愿望。女儿静香如果有什么难事儿，她也会去祭拜。她开朗健谈，静香能留在家乡选择当海女，我想这背后一定和母亲的支持是分不开的。

因为时间的关系，采访很快就结束了。当天晚上，我就住在了静香家的民宿里。民宿的晚餐新鲜可口，有伊势龙虾和鲍鱼的刺身，还有许多当地的特产。

三代海女之家是我最初采访的海女之家。2013年6月，三代海女之家在日本全国播放的电视节目《情热大陆》中放映后，开始在日本走红。

2 野村礼子与海女小屋物语

海女小屋过去叫炉灶。本来是海女们下海之前和上岸之后为了抵御寒冷排除体内寒气而用于取暖、休息以及和同伴们用餐的地方。过去，她们在海女小屋里换衣服、睡觉、给孩子喂奶……所以男人是禁止入内的。对于海女来说，海女小屋是必不可少的存在。然而现在，人们所说的海女小屋已经从休息取暖的简陋小屋变成了接待各国游客、体验日本海女文化和品尝海鲜烧烤的旅游景点。其中最具代表性的海女小屋就是位于三重县鸟羽市相差町的兵吉屋。

2004年3月，由美国教职离休人员组成的旅行团来到三重县鸟羽市，想了解有关海女的一些生活习俗。听说美国人要来，周边的海女有些不知所措，不知道该怎么招待才好。相差町的海女野村礼子（当时72岁）率先将平时用来休息和取暖的原始炉灶改装成体验海女文化、品尝海鲜烧烤的海女小屋，用来迎接远道而来的客人。

从3月开始到12月，共接待了700名外国游客。海女小屋让老外感到惊喜，取得了意想不到的成功。世人开始关注起这个简陋的小屋，从日本国内的名流到海外各国的游客，许多人不远千里赶来鸟羽，品尝海鲜烧烤的同时聆听海女们不平凡的人生经历。海女小屋逐渐变成了旅游景点，成为人们了解海女文化的一个窗口。现在，除了野村礼子经营的海女小屋外，鸟羽市周边也纷纷效仿，体验海女小屋已经成为人们来此一游的目的之一。

2014年10月，我带着中国游客来到野村礼子经营的海女小屋。这里的客人如流，生意兴旺。海女小屋是简易的木屋，靠着海，窗户大开。屋子中央是几块石头围成的炉灶，旁边的竹篮里摆着待烤的海鲜。客人的桌椅是木制的，身后的墙壁上挂着海女们下海时的各种用具。就是这样一个既原始又简陋的小屋，让游客们好奇得这摸摸、那看看，拎着相机照个没完，当然大家最感兴趣的还是白衣白帽围着花布裙子的海女们。

野村礼子（左三）的海女小屋

海女文化

今年是海女小屋创立 10 周年。我也是相隔 3 年，再次造访。野村礼子一点儿都没有变，眼睛有神，面带微笑，她热情地接待我们这些远道而来的客人。我问她今年的收成如何，她说天气多变，海产不如去年。谈话之间，炭火上飘来阵阵的贝香刺激着我们的味蕾，叫人垂涎欲滴。

伊势龙虾烧烤

我和野村礼子在海女小屋前

鸟羽市周边的海域自古就是海产丰富的渔乡。伊势龙虾、鲍鱼、海螺、海参、海胆等各种海产品应有尽有。今天我们也不能错过这个尝鲜的好机会。年迈的海女们围着炭火翩翩起舞，欢待远方的客人。

2014年11月7日上午，海风习习，我在海女小屋的一间木屋里采访了野村礼子，听她讲述了60年的海女生涯。

野村礼子1931年出生于三重县鸟羽市相差町。16岁那年，她开始当海女。她的母亲和祖母也都是海女。17岁到18岁的两年中（3月至8月），她与村里的100多名海女一起远离家乡，到日本九州西北部的孤岛，位于长崎县的对马岛做雇佣海女，从事潜水捕渔业。当时的对马岛人烟稀少，物资缺乏。她们每天忍饥挨饿，在湍急的海浪中打捞。8月中旬的盂兰盆节期间，她与同伴们返回到家乡和家人团聚，秋天又到三重县的四日市和名古屋等地帮着农家割稻赚钱。

19岁到20岁的时候，她又到静冈县的伊豆半岛做雇佣海女。据说，那个时候对马岛和伊豆半岛几乎没有海女。来自三重县鸟羽市相差町和国崎町的雇佣海女当中，有一部分嫁给当地的雇主或渔夫，海女文化才扎根到该地区。我问她，为什么要远离家乡做雇佣海女。她回答说："每户人家只有一份渔业权（捕鱼的权利），捕捞再多的鲍鱼和海产都归属于家长（父母），家里兄弟姐妹共有八人，都得自谋生路。出外打工，可以给自己和家人增添一份积蓄。"

野村礼子21岁时和比她年长1岁的当地男人结了婚，开始了半农半渔的家庭生活。30岁的时候有了一艘属于自己的小木船，开始夫妇同舟到较深的海域去潜水捕猎。在日本，像这种夫妇乘船出海协同作业的捕捞方式被称作"舟人"或是"船人"，而那些不借助船或他人的配合在浅海中单独作业的海女称"徒人"。

1959年9月，伊势湾台风席卷了纪伊半岛，给伊势湾一带造成了重创。当地的小学校和许多房屋被台风吹垮，人们开始进行修复工作。野村礼子的丈夫也加入了整修房屋的队伍，并学到了一手建筑技术。后来就依靠建筑技术独立从事建筑行业。野村礼子43岁时，不幸降

舟人海女（1）

舟人海女（2）

徒人海女

临，丈夫因车祸丧生。当时她有两女一男 3 个孩子要养活，从此，她一边当海女一边继承丈夫的建筑工作，拼命地劳动赚钱。

野村礼子 20 几岁时，身上只穿一件单薄的白色木棉上衣和短裤下海打捞，冬天也不例外。女儿看到母亲在海边冻得瑟瑟发抖的样子，吓得不想当海女。寒冬 12 月末，她生下第三个孩子的前一天还在海中作业。她说她的伙伴儿和老一辈的海女在船上或是在海岸边生孩子的情况时有发生。冰冷的冬天，在海边诞生的婴儿是紫色的，因为母亲的身体无法抵御刺骨的寒冷，婴儿才会被冻伤。不过经过产婆的一番努力后，很快就恢复了正常。

海女是生活在海陆之间的特殊群体，她们在孕期和月经期间也倒悬在水中打捞鲍鱼和采集各种鱼贝类。这种非同常人的体质，从医学的角度也没有明确的解释。

冬天的海水很冷，她们潜到水中眼睛被刺得生痛。直到野村礼子 40 岁时（20 世纪 70 年代），海女们才开始穿上了有防寒作用的黑色潜水服。野村礼子回忆她母亲的那个年代，海女几乎都是半裸着上身，只在腰间缠块布裙下海打捞。因为没有手套，母亲的手指被钱鳗（岩礁中生息的一种牙齿尖锐，生性凶猛的肉食鱼）咬得骨折，伤痕一直伴随了她一生。

志摩半岛的海女头巾上和用具上一般都印有一种星形的符号，叫星满。星形符号一笔画下来又能回到原来的位置，意味着出海平安，期望生命有所保障。据说这个符号来源于安倍晴明（日本平安时代的

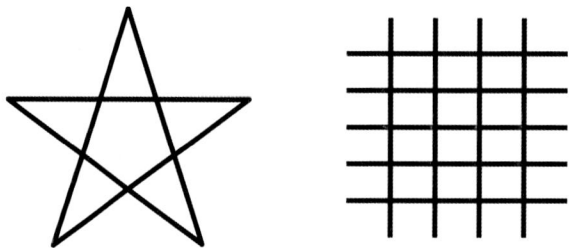

海女的护身符　星满和道满

阴阳师）的呪符。从古至今，海女们一直使用一种叫蚵岩螺的小贝，将它敲碎后用它的碎片把图案画在头巾或衣服上。因为这种贝可以分泌一种天然的紫色色素。刚开始时呈现黄色，后来逐渐变成紫色而且永不褪色。海女们很早就发现贝紫染色的动物性色素，这种贝紫英文称 Royal purple（帝王紫），俗称古代紫。日本海女通常使用海边拾到的蚵岩螺或红皱岩螺的贝紫在头巾或布料上描绘图案。

海女的护身符除了星满还有道满。道满是九字纹，四竖五横，格子形状，据说源于道魔法师（日本平安时代的阴阳师，本名芦屋道满）。道满通常画在家门口处或是海女的服装和用具上，有辟邪的含义。

野村礼子和她的同伴每年1月、3月、9月、11月都要向海中龙宫祭拜。漂泊在海上的族群，乐观淳朴的同时信仰也很浓厚。她们信仰龙神、阴阳道、观音菩萨，还有路边的地藏菩萨。

当我问及海洋环境时，野村礼子眺望着眼前的大海无奈地说："船沿上的油漆和家庭洗涤剂等生活垃圾流入大海都会导致海洋环境的污染，海洋环境一旦遭到破坏，能采集的东西就越来越少了。"

采访快结束时，她微笑着说："前些天，我问幼儿园的孩子们，将来想当海女的举手。没想到她们全都举手了。我期待这些孩子们长大之后能够继承海女之业。"海风吹打着木窗嘎吱嘎吱地响，老人的话语重心长，耐人寻味。

野村礼子从16岁开始当海女，72岁时将海女小屋改装成体验海女文化、品尝当地海鲜的旅游驿站。如今，海女小屋已经变成了炭烧海鲜的代名词，每天造访的游客络绎不绝。野村礼子用辛苦劳作换来了晚年的成功，这不仅仅是她个人的荣耀，也为海女的历史增添了新的篇章。

今年（2014）野村礼子已经84岁了，她依然健谈，言语间总是夹杂着爽朗的笑声。如果再过10年，海女小屋和这里的海女又会是什么样子呢？海女在海中，需要下沉到几米至十几米深的海底捕捞鲍鱼、海螺、海参等天然海物。海里的世界常常伴有无法预测的危险，如此艰难的工作环境，年轻人有谁会愿意继承这个职业。海女后继乏人令人担忧，只希望野村礼子和这些老海女们健康长寿，让海女小屋和海女文化广为人知。

3　现役海女中村佐百合

1952 年，中村佐百合出生于三重县鸟羽市相差町的海女世家。她的母亲、她丈夫的母亲和祖母都是海女。中村佐百合中学毕业后就继承了海女事业，31 岁时成为民宿旅馆"大礒亭"的女将。和丈夫一起出海的舟人时代，她一天能捕获 100 多只天然大鲍鱼，是一名优秀的现役海女。

2014 年 11 月 12 日下午，为了采访中村佐百合，我来到了鸟羽市相差町。从鸟羽市内开车到相差町大约 30 分钟。我从 2008 年开始无数次地走访相差町。有时是为了拍摄海女，有时是为了记录当地的民

我与海女中村佐百合

俗，有时是为了追逐太平洋上升起的日出……

海女民宿"大礒亭"位于相差町渔港的入口附近，是一栋黄绿色的两层小楼。进入正门，对面就是通向二楼的阶梯，楼梯的左侧有通向餐厅和厨房的回廊，入口处有一个小看板，上面写着"相差 海女之宿"。看板的下面是一块椭圆形的石头（日语称分铜），是"舟人海女"为了更快沉入海底而用的垂石，现在多用铁块代替。海女作业分秒必争，舟人海女通常要潜入十几米深的海底寻找猎物，为了在海底多停留一秒，所以使用相当分量的垂石辅助下沉的速度，节省入水的时间。海女的腰上系着一条绳子，绳子的一端固定在船上，当海女下沉到海底捕获猎物的时候渔夫则在船上等待海女传来的信号，这时腰间的绳子就是传递信号的工具。当渔夫感应到绳子传来的信息时就会迅速拉起绳子，将海女拽出水面。舟人海女作业的危险性极大，所以给那条绳子起了个非常贴切的名字，叫"命绳"。舟人大多数由夫妇或者是兄妹组成。

采访安排在晚饭之前。我与海女中村佐百合坐在一楼入口处的白色沙发上，她今天身着格纹雨衣，是渔村妇女最常见的打扮。看样子，她刚从海边回来。

中村佐百合自幼喜欢和伙伴们在海里玩耍，中学毕业后和大多数渔家的女孩儿一样成了海女。据中村介绍，她母亲那个年代的海女经常到外地做雇佣海女，到了中村佐百合这一代赶上日本经济高度成长的浪潮，"观光海女"盛行于世。所谓观光海女就是做潜水表演的海女，如今在鸟羽市御木本珍珠岛依旧可以看到海女表演。她回忆说："当时御木本珍珠岛有 20~30 名观光海女，鸟羽水族馆有 3 名，海豚岛有 4 名。"她与同一批毕业的 20 多名女孩子一道在兵库县城崎温泉附近的日和山海岸当了 3 年半的观光海女。做观光海女也很辛苦，她们不分寒暑，身上只穿一件白色单衣潜水打捞，还得迎合观众的喜好。中村佐百合说，每天潜入海中打捞的是观众们投入海里的酒盅（陶瓷制），海女们以拾到的个数分发奖金。一周休息一两天，一年到头只有

海上龙宫城 兵库县丰冈市日和山海岸

过年的时候才能回趟家。

兵库县丰冈市日和山海岸于1950年建有一处海上龙宫城。在日本的神话传说中，龙宫是海神的居所，其内部富丽堂皇，金碧辉煌，四季同在。龙宫传说源于中国古代道家的蓬莱山。传说，渤海中有3座仙山，蓬莱、瀛州、方丈是神仙居住的地方。《山海经》中就有蓬莱山在海中之句。海上的理想之乡是靠海为生的日本人对大海的一种眷恋。2014年，我曾两次路径兵库县，用镜头捕捉到波光粼粼的海上龙宫城。那里曾经是三重县鸟羽市相差町海女们活跃一时的地方。

20岁时，中村佐百合与当地的渔夫结了婚，1983年建起了民宿"大礒亭"，她一边做海女一边经营旅馆。从2006年开始又在相差町的一家海女小屋做兼职。

中村佐百合是一个很能干的女人，她每天5点半起床与丈夫一起出海。打渔回来收拾渔网之后又和其他的海女一起出海渔猎。中午在相差町海女小屋工作，傍晚回到家里还要照顾民宿里的游客。

海女作业不但辛苦，还常常伴有生命危险。那是和丈夫一起出海的舟人时代。有一次在深海里，刚要浮出海面的中村佐百合被海中的拉网缠住，丈夫拼命地拽命绳，可是绳子越拽越紧，中村佐百合被困在水中。感觉不对的丈夫马上放松了命绳，她才得以挣脱，挽回了一命。在回忆这段惊险的过去时，中村佐百合语气平淡，面带微笑。

她与丈夫经历了10年的舟人时代。手拎着15公斤重的垂石，憋口气，顺势潜入10多米深的海底，寻找鲍鱼。遇到鲍鱼多的渔场，渔夫会选定岸上能构成90度角的两个静物为坐标确定海上的方位，以便下次再来捕捞。海上漫无边际，没有路标，也没有参照物。优秀的渔夫通常都是以陆地上的高山或明显的突起物作为参照物在海上打渔。

以前，海女每天分上午和下午两次潜水打捞。现在，因为生态环境的变化和海洋资源的减少等缘故，海女们把每天下海的次数改为上午一次。

中村佐百合和其他海女一样，信仰比较浓厚。年初1月25日要到当地的土地庙里祭拜，据说是为了感谢去年的收成。5月7日是海女的礼拜日，9月25日祭拜是为了感谢夏天的收获，11月25日祭拜是祈祷冬天的丰收。

海女们下海时要拜海神、拜地藏菩萨，定期还要去拜土地庙。这种频繁的祭拜活动一方面是为了寻求精神上的安慰，另一方面则说明她们生活环境的严峻。

当我得知中村佐百合第二天要下海，便请求跟船出海拍摄海女打捞的情景。她爽快地答应了，这让我喜出望外。

渔女民宿的晚餐离不开海鲜，大磯亭也不例外。餐桌的正中摆放着一只木船，船上盛满了鲷鱼和海螺制成的刺身，旁边还有伊势志摩最有名的伊势龙虾刺身。伊势龙虾的渔季是从每年的10月到次年的4月，现在是11月份，正值体肥味美的季节。伊势龙虾刺身晶莹剔透，两条长长的须子还在不停地摆动，说明它还活着。除此之外，还有多种当地产的鱼贝类，有生的、有熟的、有蒸的、有煮的。

在海边生活的人，最敏感的就是天气的变化，临睡前我期盼明天是个好天气。可是半夜里，太平洋上的海风在小小的渔港里刮个不停。我躺在二楼的榻榻米客房，翻来覆去地睡不着。呼啸的海风不断地刺激着耳膜，我感觉自己像躺在飘摇的船舱里无法安宁。朦胧中传来渔夫和海女说话的声音，然后是汽车驱动的声音，他们出海打渔去了。原来已经是清晨5点，外面的天还漆黑一片。

　　清晨的相差渔港有些寒冷。天空朵朵白云，天蓝与海蓝在太平洋的尽头连成一线。近处的海浪一波接着一波，不停地拍打着海岸。岸边，渔夫和海女们围着炭火，正在忙着收拾刚打捞上岸的伊势龙虾。

　　中村佐百合让我8点半之前在海边的海女小屋前等她。当我准时到达时，看到中村佐百合和她的3个同伴穿着黑色的潜水服从海女小屋走了出来。她们年龄相仿，都在60岁左右，是相差町最活跃的一代海女。她们年轻时正赶上日本经济高度成长期，海女的收入在当时属

海女们纵身跳入大海的瞬间

于中上流。比她们晚出生的渔家女没有赶上好时代，所以大多都脱离了靠海为生的海女一职，或者考高中或者读大学。

上午9点，我与4名海女乘上了渔夫（中村佐百合的丈夫）驾驶的小船离开了相差町渔港。为了拍摄全景，我蹲坐在船尾。一路上她们很少说话，一直忙碌着擦洗潜水眼镜整理服装。小船绕过灯台后，视野变得宽阔，前方是一望无际的太平洋，身后的相差渔港越来越远。当小船驶进渔猎区域时，海女的眼神开始变得锐利，身板也挺直了，那样子好像猎人随时准备捕获自己的猎物一样。船停下来后，她们把浮圈投进海里，一个个毫不迟疑地纵身跳入大海。4名海女前后呼应，游向她们劳动的场所。船在海上停留了片刻，我用镜头追逐她们远去的身影，海女们仿佛人鱼一样在海中沉浮。

海女们打捞的时候，小船返回到渔港，一个半小时后再去迎接。等待的时间变得漫长，一个人闲着无事，就回到民宿大磯亭。大磯亭的院子前有3位上了年纪的老人正在清理渔网，其中两位90岁高龄的老人是中村佐百合的母亲和婆婆。当我向她们打招呼时，她们也亲切地回应了我。她们手中的渔网，下午还要撒到海里，等到明天早晨再去收网。

我回到渔港，等待渔夫。不知为什么，渔夫比约定的时间晚来了一刻钟。我立刻登船，跟着渔夫奔向海女们打捞的渔场。海女们在冰冷的海水中浸泡了近两个小时，很难想象她们的辛苦。我暗中思量，今天可不要因为我冒昧地跟船出海而影响了她们的收成。一路上不安与期待交织在一起。

苍茫的海面上，反射着耀眼的光芒。晴空下，传来了海女们充满哀怨的矶笛声。海上已经看不见其他的渔船，只有4名海女形单影只地漂浮在海面上等待着渔夫的到来。渔夫熟练地将海女捕获的几十公斤重的海螺拽到船上，然后默默地回到操纵室。海女们一个接一个地上了船。也许是因为浸泡的时间过久，她们的脸色看上去有些苍白。大家一言不发，船上一片寂静。从始至终我什么忙都帮不上，有种坐

渔夫和海女捞起沉甸甸的网袋

立不安的感觉。本想说两句安慰的话，可是话到了嘴边又咽了回去。我只有沉默，然后继续拍照，记录这一难得的瞬间。

海女们有规定，从秋天到早春即使在海底看见鲍鱼也不能捕获。所以海女们只能打捞鲍鱼以外的海产品。值得庆幸的是，今天她们和往常一样捕捞了很多的海螺。这虽然是她们的日常生活，可是对于我来说却是个特别的日子，因为这是我第一次跟船出海拍摄海女。船靠岸后，我与中村佐百合道别，她亲切地对我说："一路小心！"

我们生长在不同的国度、不同的环境，况且这些年中日两国之间的关系一直都不太好。海女的一生虽然饱受苦难，但她们的内心世界是慈悲而宽容的，她们能够接纳我、包容我，这也许就是我与海女之间的一种缘分吧。

中村佐百合是现役海女中的佼佼者，她除了打渔、当海女、经营旅馆，还种稻子干农活。海女们没有退休一说，只要能坚持，干到七八十岁的高龄海女也大有人在。2016年12月1日，韩国济州岛的海女文化被列入人类非物质文化遗产名录。现在，日本伊势志摩地区的海女也在积极响应。但愿她们能够早日实现这一愿望，让海女文化能够世代传承下去。

4　相差町的海士大田丰

2015年5月15日至26日，我作为一名外国人，第一次以海女为题材在三重县鸟羽市举办了个人摄影展。摄影展的第二天，一名素不相识的中年男子来到会场找我。他叫大田丰，是一名海士，1950年出生于海女众多的鸟羽市相差町。据他说，他的母亲是一名优秀的海女，年轻时曾到外地做海女辅导员，现在已经离世。他从16岁便开始学习潜水，继承了母亲的职业。相差町现有两名海士，他就是其中一人。

关于海士，我还没有足够的了解，因为他们的人数实在是太少了。大田丰是我认识的第一名海士，他是土生土长的渔民，对于当地的生

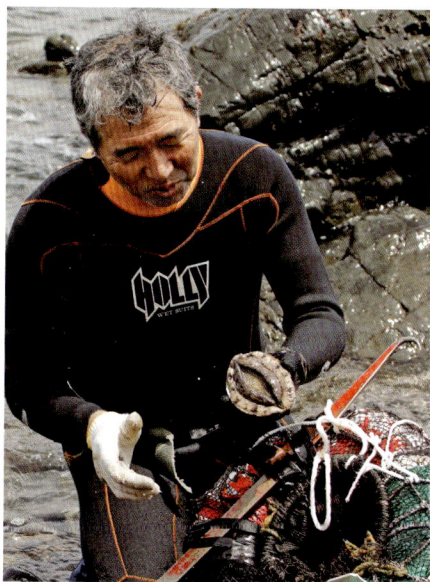

海士大田丰

活了如指掌。他说，海女的减少与海产的收获量有关。海女采集的海产当中，鲍鱼最有价值。几十年前，浅海里生息着许多鲍鱼，很容易就能采到。如今，鲍鱼的数量急剧减少，海女的继承人也越来越少。为了提高鲍鱼产量，稚贝放流成为话题。所谓的稚贝放流，就是将幼小的仔鲍大量投放到海里。这种方法表面上说得过去，但是作为一名海洋知识丰富的海士，他不赞同。我问他为什么。他解释说，幼小的鲍鱼一般生息在3~5米深的浅海里，喜欢附着在藻类繁多的岩礁上。如果将稚贝大量投放到大海里，生存率是很低的。海里有各种各样的生物并存，投放到海中的稚贝还没有找到适合自己的生存空间时就可能被其他的生物给吞食掉了。鲍鱼不是到处都有，它会选择最佳的环境产卵，繁衍子孙后代。贝类同人类一样，就像我们小时候要上幼儿园。稚嫩的幼贝也需要一个能让它们健康成长的摇篮，那就是在海中建设一个人工渔场，日语叫筑矶（投石）事业。这是增殖贝类的传统方式，可是现在的人似乎忘掉了这种一箭多雕的有效方法，一味地放流稚贝。我不是海洋专家，不过听了他的一番话之后觉得很有道理。

大田丰不仅是海士，同时又是一名猎人。每到冬天，他会上山打猎，用猎枪捕捉山里的野生动物。或许是接触了较多海女的缘故，他说话的语气和海女很相似，仿佛一波又一波的海浪一样富有节奏感。他和我谈及了许多有关海女工作的细节。比如说下海之前和上岸之后需要用炭火热身发汗保养身体、在海中遇到急流时怎样躲避等等。

他手里有一份当地渔村的研究论文集（1936年），是他爷爷那辈人年轻时留下的第一手研究报告书。据说上面写了一些有关保护和繁殖鱼贝类的传统做法。我说想看看，他便爽快地邀请我去他家做客。当天晚上，我就开车去了他家。大田丰住在太平洋的海岸边，有一个属于自己的海女小屋，平时用来休息更换衣服和接待客人。他把我请到海女小屋里，给我沏茶，并将收藏的海女资料和一些古老的照片给我看。

我和大田丰只是一面之缘，像他这么热情主动的日本人并不多。

我们第二次见面是在 5 月 22 日。那天清晨大田丰突然打电话给我，说是今天要下海捕捞鲍鱼，问我来不来。机会难得，我没有理由拒绝。每年 5 月中旬到 9 月中旬是捕捞鲍鱼的季节，到了 10 月份鲍鱼开始进入产卵期，是不允许打捞的。春天，海里的藻类与陆地上的植被一样开始萌动发芽，吃了嫩藻的鲍鱼也更加鲜美。

大田丰不是一个人下海，与他同行的还有一名海女名叫井村千春，他们是亲属关系。途中，我问今天大概能捕捞几只鲍鱼。他说能捕获五六只就不错了。今天的天气不错，相差町的许多海女都在各自不同的海域里捕捞鲍鱼。上午 9 点半，两人开始下海。我独自坐在岸边，眺望着他们渔猎的情景。

古人目视树林而心动。在人类历史的长河中，文明往往离不开丰富的水源和茂密的森林。森林和水源孕育着各种生命并保障生命的繁衍。然而一旦失去了森林和水源，文明自然也会导致枯竭。

刚刚上岸的大田丰 鸟羽市相差海岸

对于农本主义者来说，海上牧民居无定所，愚昧无知，往往是被排斥的对象。

海人临海而居，以舟为家，追鱼而活。在浩瀚的海河中，他（她）们往来游弋在岛屿和暗礁之间，在历史的舞台上即将消失殆尽。

海人擅长渔歌，那委婉哀怨的浪人之歌，就像几千年流离失所的人们的挽歌。我浮想着古代海洋的蜑民、采珠女和现在的海士与海女，太平洋的海面上依然沉浮着这种原始渔猎的身影。古今在此重叠，境界在此融合。

这里的土地虽然贫瘠，海洋资源却丰富无比。对于海边生活的人来说，海洋不仅仅是渔猎、生产、交易的场所，也是移动、交流和交汇的文化空间。从故乡到异乡，从陌生到熟悉，从相聚到离散，移动本身就是文化的一种传承、传播和推广的过程。

一个半小时后，俩人先后从海浪中游到岸边。海士大田丰捕获了 6 只天然鲍鱼和 1 只章鱼。井村千春则打捞到 5 只鲍鱼。看起来俩人对此还挺满意，因为夏天才刚刚开始。三重县有规定，身长 10.6 厘米以下的鲍鱼不准捕获。我看见他们给鲍鱼量身长，不足 10.6 厘米的小鲍鱼又被放回到海里。

一个月后（6 月 22 日），我又来到鸟羽市相差海岸。本想到海边捕捉海女的身影，可是初夏的海边看不到一个海女的身影。无奈之下，便打电话给大田丰。几分钟后，他赶到渔港，并对我说："天气看起来挺好，可是海里的潮水湍急，所以今天是海女们渔休的日子。"大田丰不希望我白跑，指着海边自生的日本石竹（日语称滨抚子，是鸟羽市市花）说道，它们专门生长在海边的沙滩和悬崖峭壁上，遇到排水不良的土壤就会死掉。再过一个月，海边的文殊兰（日语称浜木棉）就会开花。文殊兰夏天开花，花色为白。它的生命力极强，据说它的种子可以在海上漂流几个月依然会在路经的海域生根发芽，延续它们对生命的执着。日本人大多喜欢这种白色的花，文殊兰就像四海为家的海民一样，强韧有力地扎根在异方的土地上。

海边的地藏菩萨

接着，他又带我来到海边的地藏菩萨前。他说面朝大海的一尊尊地藏菩萨就是一位位遇难的海女。果不其然，石像的正面刻有海上安全的字迹，背面则写着海女的姓名和遇难的年月日。海女们下海时，一般都会朝地藏菩萨拜一拜，因为她们的生命不知道什么时候也会被海浪卷走。

听了大田丰的一番讲解后觉得这一趟没有白来。快中午时，我道别了海十，决定去看看正在"大田食堂"拉面店忙碌的海女井村千春。

5　年轻的海女井村千春

我是通过海士大田丰才认识海女井村千春的。她今年41岁，按理说也不算年轻了。她家在太平洋岸边有一个拉面店。6月22日（2015），我告别了大田丰之后临时决定去井村千春家经营的拉面店看看。

我赶到拉面店的时候，井村千春正在店里忙碌着。虽然是中午，店里的客人并不是很多。我点了一碗拉面，问她有没有时间接受采访。她说等客人走后再陪我聊。

　　午后，在海边的阳台上她开始讲述自己的经历。

　　1974年，井村千春出生于三重县鸟羽市。她最要好的伙伴就住在鸟羽市答志岛。答志岛曾有许多海女，井村千春经常去岛上玩儿，看伙伴儿的母亲在海里潜水捕猎，然后还可以品尝到刚刚打捞上岸的新鲜鱼贝。这段儿时的记忆给井村千春留下了深刻的印象，并影响了她今后的生活。

　　22岁时井村千春嫁到了海女众多的相差町。丈夫的母亲是海女，当她生下第三个孩子的时候，婆婆去世了。她暗下决心，将来一定要继承婆婆的海女工作。2004年，当最小的孩子也上了幼儿园，已经30岁的井村千春才开始当海女。海边出生的人最擅长的就是游泳，可是做海女又是另一回事儿。听经验丰富的老海女说，想成为一名真正的海女需要10年的潜水修炼。

海女井村千春

海中捕猎的井村千春

海女井村千春和海士大田丰

井村千春是从鸟羽市内嫁到相差町的，对于相差町的海女来说，她属于外人。刚开始时，井村千春受到了当地海女的排挤。没办法，只有自己努力去克服和忍耐。3年后，她渐渐适应了海女一职，潜水能力也逐步提高。除了海女工作，她还要养孩子、做家务，中午又在拉面店接待客人，一天忙得团团转。

她说："海女在海里工作，竞争的对手就是自己。潜水、呼吸、捕贝需要技巧也磨练身心。海里不像陆地，相差分秒左右一天的收成。"

有10年海女经验的井村千春已经非常熟悉这片海域。她很谦虚，并注重保养身体。她说虽然自己喜欢喝酒，但是第二天如果下海，前一天就滴酒不沾。海女还要定期检查身体，特别是耳鼻科。因为潜入10多米深的海底时承受的水压很大，耳膜鼻腔很容易破裂。

据井村千春介绍，她们这一代人，想当海女的已经寥寥无几。因为当一辈子海女潜一辈子海，就意味着放弃许多现代人该有的享受。

井村千春喜欢大海。她说潜到海里时感觉自己仿佛变成了一条自由的鱼儿，可以脱离日常的琐碎，畅游在色彩斑斓的海洋世界里。

临走时，我们彼此加油。作为同一代人，前方的路还很漫长。

6 丸善的女将大田顺子

日本的民宿就是家庭型旅馆。民宿因为规模小，价格便宜，又能感受温馨的家庭气氛，所以深受日本人喜爱。

我利用节假日经常到日本各地采访，很多时候我都是当天采访当天归，这样做虽然很辛苦却能节省时间和经费。如果是路远，当天赶不回来的情况下，就会挑选一处比较经济实惠的民宿落脚，缓解长途跋涉带来的疲劳。经过几年的奔波，我也体验了不少日本民宿，其中印象最深的还是鸟羽市相差町的海女民宿。

相差町的海女基本上都是亦渔亦商。几十年前，海女的收入是家

相差海女民宿的象征

庭的主要经济来源。一个能干的海女靠自己下海打捞挣的钱就能养活全家。如今，海洋资源越来越匮乏，海里的鲍鱼一年比一年少，她们每次下海打捞的收入已经无法同过去相提并论，海女们不得不顺应时代的变化找些其它的事情做，来填补空缺。

海女民宿有一个共通的特点，就是民宿的料理多以生鲜为主，离不开鲍鱼和伊势龙虾。2015 年 6 月 3 日，我走访了海女经营的民宿丸善（MARUZEN）。

丸善的女主人叫大田顺子，她出生于 1950 年，今年 65 岁，是现役海女。大田顺子的家庭是典型的海女世家，她的母亲和奶奶都是海女。中学毕业后，大田顺子也当上了海女。

海女大田顺子

1980年是日本经济的高度成长期，鸟羽市相差町的海女们纷纷搭建起民宿和旅馆，大田顺子和家人也在这一年经营起民宿，起名丸善。2011年3月11日，日本东北发生了"东日本大地震"，给这个岛国带来了深刻的影响。同一年，大田顺子和长女决定将丸善进行防震整修，使日式传统民宿增添了时代感，丸善焕然一新。

　　大田顺子有3个女儿。长女（大田saori）是丸善的年轻女将。大田saori从小就帮着母亲打理民宿，30岁时开始兼职海女，现有一儿一女。女儿（大田名菜）从小学五年级开始模仿姥姥潜水捕捞，第一次捕获到一只海胆时，她高兴得不得了。对于一个天真无邪的孩子来说，这的确是值得夸奖的收获。现在中学二年级的名菜，每年暑假都会下海捕捞。我问名菜将来的梦想是什么，她毫不犹豫地说，想成为像姥姥一样的海女。看来她非常敬佩一辈子当海女的姥姥。

　　几年前，我曾在电视里看过有关民宿丸善的介绍，印象较深的就是民宿晚餐的海鲜盛宴。

　　海女民宿的晚餐种类很多，名称各异，价钱也不等。我订的晚餐叫徒人宴，包括天然鲍鱼，伊势龙虾和海鲜船等名贵的海鲜料理。这些海物大多是海女亲手捕捞上岸的，同样内容的晚餐在酒店则需要成倍的价钱。

海女民宿的晚餐

天然鲍鱼是海中珍品，被誉为海味之冠。古代作为长生不老的妙药供奉给朝廷和土地庙。欧洲人很早以前就将鲜活的鲍鱼称作餐桌上的软黄金。大田顺子说，在日本，鲍鱼是孕妇补身的佳品。小时候生活在海边的人，把鲍鱼当肉来吃，咖喱饭上的牛肉总是用鲍鱼来替代。年轻时每次下海都能捕获几十只大鲍鱼，自己舍不得吃，给顾客享用已成为习惯。

海鲜料理营养丰富，味道鲜美。鲍鱼可以选择生吃、烤吃或者蒸着吃。伊势龙虾则是连身带壳的做成刺身抬到餐桌上，鲜嫩的肉身晶莹剔透，头部坚硬的触须还在不停地摆动。品尝着这些海鲜珍品，我感觉人是最幸福也是最奢侈的。

晚餐过后，大田顺子给我讲述了许多有关海女的故事。当我做笔录时，她笑着说："这些都是生活琐事，有什么值得做记录的。像这种话题，我可以给你讲到天亮。"大田顺子和大多数海女一样，工作尽管艰辛，却开朗朴实。

海女是生活在陆地和海洋之间的特殊群体。我喜欢倾听她们的故事，因为那是陆地上生活的人无法体会的沧桑与苦劳。这感受发自内心，无关民族与国界。

7　结识志摩海女田边京子

浦口楠一（1922—1988）出生在三重县志摩市志摩町布施田，这里面向太平洋，是典型的海民之乡。渔夫和海女们世世代代生活在这个偏僻的渔村，过着与世隔绝的生活。第二次世界大战结束后，浦口楠一从中国东北复员回乡，开始做珍珠加工的买卖。他喜欢画画和照相，33岁时开始学习摄影，渔村的风情和海女是他摄影的主体。1981年出版的摄影集《志摩の海女》是他的经典著作，作品里的"海女京子"聚焦了一名17岁的年少海女成长到25岁的8年岁月。

海女田边京子和她年轻时的照片

　　2015 年 4 月，我的日文版《现代の海女》问世后，接受了多家日本媒体的采访。《每日新闻》的记者在采访后，给我介绍了"海女京子"，她的本名叫田边京子，生活在三重县志摩市。

　　时隔 5 个月，我打算采访田边京子。电话中，从她的语气里感觉到并不希望接受采访。我说只想听听那个时代的故事，最终她还是答应了我的请求。

　　9 月 16 日上午 10 点半，我来到她的住处。当我走进田边家经营的民宿"海女之里"时，眼前古朴的景致让人联想起已经消逝的昭和时代。拉开第一道门，是玄关。女主人把拖鞋摆好，然后带我进入一间日式榻榻米客房，房间里除了一张方桌和坐垫之外别无它物。不一会儿，田边京子端来了茶水和点心。

　　田边京子 1955 年出生在志摩市志摩町布施田。她年轻时，她的母亲以及周边的女人大都从事海女一职。随着日本经济的复苏和成长，志摩半岛的珍珠养殖业逐渐迎来了黄金时代。海女们一边从事打捞，一边在珍珠养殖场或珍珠加工场做兼职。从许多黑白照片中可以看出，

20 世纪 60 年代的日本渔村正处在脱贫致富的转轨阶段，田边京子就是那个时代的见证人之一。

半个世纪前，渔村的海女是一家收入的主要支撑者，可是在家长制森严的日本社会，长辈的话不管对错都要服从。田边京子对我说，她并不喜欢被人拍照，由于家长的介绍，不得不接受摄影家浦口楠一的追踪拍摄。她翻开摄影集《志摩の海女》，慢慢地叙述着黑白照片里的那个时代。

海女们一起乘船下海，然后在简陋的海女小屋里换衣、暖身、休息、聊天，大家互相依偎，共同体里保持着公共的良知和秩序。现在，海女们都有了自己的海女小屋，忙活自己的生计，人与人之间的距离越来越远。

她说，年轻的时候一天可以捕获 20~30 公斤的鲍鱼。一个夏天（3 月中旬~9 月 14 日）捕获的海产值 1 千万日元。30 年前，只要是能干的海女都盖了新房，有的开旅馆，有的经营民宿，饱经沧桑的海女们迎来了人生中最好的年华。

潮起潮落、人生起伏。如今的渔村变得萧条，人流变得稀少，往日人满为患的民宿现在也停止了营业。想要一份过去的民宿资料，得到的也只是印着海女头像和海女之里字样的两盒火柴。

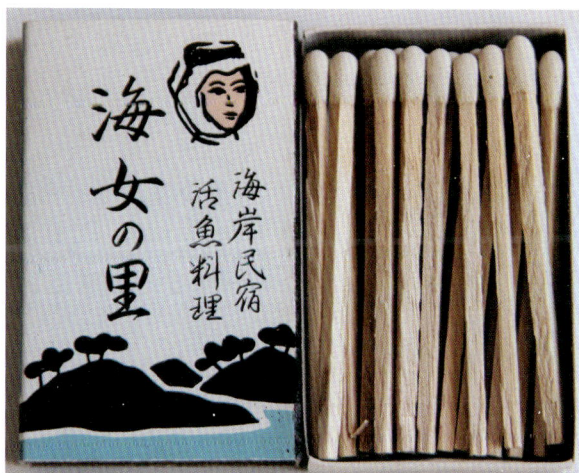

海女之里的火柴盒

海女田边京子属于内向朴实的人，她从不看电脑，摄影展上使用她年轻时的照片，她也毫不关心，只是一心做自己的海女。当我问及海女的现状时，她说现在的海女大多是嫁过来的人或是年轻的海士。土生土长的海女都已经上了年纪，熟悉海洋知识的渔夫也越来越少。

海女打捞的鲍鱼分黑鲍和白鲍，它们生息在岩礁附近。白鲍附着在岩礁的侧面，比较容易撬取。黑鲍却喜欢附着在岩礁的里侧或底部，只有技术高超的海女才能捕获得到。海士们为了捕到藏在深处的黑鲍，毫不顾忌地将岩礁破坏，使鲍鱼生息的环境变得支离破碎。

任何生物，如果它们生存和繁衍的空间遭到破坏，那么结果只有一个，就是逐渐走向消亡。

提到鲍鱼赖以生存的岩礁被破坏时，田边京子感到悲哀和无奈。她说，如果是海女绝对不会那么做，也没有那个能力。岩礁被破坏，鲍鱼的子孙就无法得到繁衍，海女的未来也难以得到保障。岩礁是鲍鱼生息的家园，海女们最清楚这一点。

近代社会的基本模式是大量生产和大量消费。当社会的需求越来越多的时候，天然海产已经满足不了膨胀的需求，人工养殖逐渐代替了天然渔场。真的假的对的错的都已经变得次要，能够放到市场卖出钱的就是合理化的至上规则。

面对这样一种现实，海边依然生活着一群弱势、守旧的海女。她们犹如这块土地上的活化石，维系着快要消逝的海女文化与传统。

8 矶人海女山下真千代

2015 年 9 月 16 日中午，我采访了海女田边京子之后，顺路来到志摩市志摩町御座。

三重县志摩市南端的御座位于太平洋与英虞湾之间，属于天然良港。御座白滨是日本知名的海水浴场，夏天，这里是游客和孩子们的

海女山下真千代

乐园。每年秋天在此举行的"海女摄影节"吸引着无数的摄影爱好者。

御座海边的海鲜烧烤店"海女小屋矶人"，是志摩半岛最南端的海女小屋。经营这家烧烤店的女主人叫山下真千代。

1949年出生的山下真千代和大多数同龄人一样，中学毕业后就开始学习潜水捕猎。她母亲死得早，从小由奶奶带大。在奶奶的劝阻下，结婚生子之后才开始当海女。当时山下真千代24岁，已是两个孩子的母亲。她回忆说，从1989年到1991年是捕获鲍鱼的黄金期。海里的鲍鱼多到1个小时就能捕到100只，我听了很吃惊。

我问她现在能捕获多少？她谦逊地回答，大约是那个时候的十分之一。因为环境的变化，海里的资源越来越少，海女的职业每况愈下。

山下真千代嗓音浑厚、体格强健。

当我提及海女下海打捞的情节时，她表情严肃地说："与大海相处，不能有丝毫的马虎。潜入大海要忍受只有一个人的孤独，分秒都是胜负。"她不仅采集鲍鱼、海螺、海参等动作缓慢的海产品，还擅长捕捉伊势龙虾和游动的大鱼。她给我的感觉不同于其他的海女，更像一名经验老到的海中猎人。就像她把自己经营的海女小屋取名"矶人"一样，矶为水边突出的岩石，可以理解为如岩石一样坚忍的海女。

志摩市志摩町出身的福田清一著《志摩と朝鮮を小舟で往復した志摩の海女》（2006年）中写道："捕获量多的海女在志摩被尊称为大矶人。"也就是说，矶人是海女的别称。

山下真千代对自己捕捞上岸的海物了如指掌。比如说海螺的眼睛在哪儿，哪个部位是面孔，如何分辨雌雄等。她说："在海中，动物都眨着眼睛，很可爱。春天来临时，海里也迎来了春天。海草开始发芽、生长，鲍鱼吃了鲜嫩的海草，所以春夏之际的鲍鱼肉最好吃。"

我和她聊了很久。她最后问我的国籍，我说是中国人。她很兴奋地把我带到另一个客间，给我看墙上的照片。我看后惊诧不已，原来是中国著名的油画家忻东旺（1963—2014）。

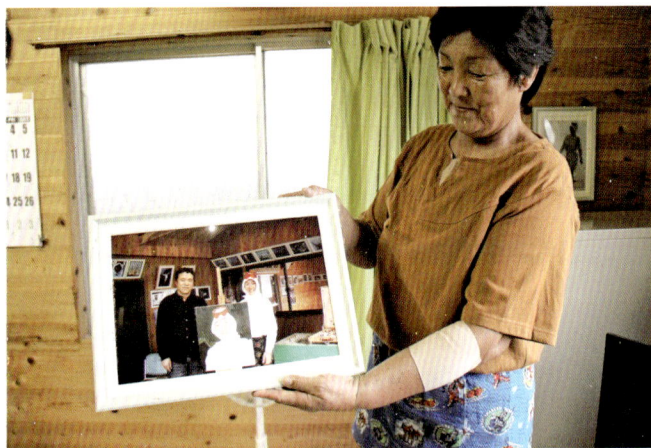

山下真千代和忻东旺先生的合影照

忻东旺先生在旅日度假期间，曾在我工作的酒店停留了3天。记得第二天晚上，他很晚才回到酒店，手里拎着一幅刚刚完成的油画作品《海女》。3年过去了，没想到他画的《海女》，就是眼前的山下真千代。看得出，山下很自豪能够成为中国画家笔下的海女，尽管她的名字没有记录在上面。

英虞湾夕阳景　日本三重县志摩市

　　我静静地坐在志摩半岛的海女小屋，听着海女的故事。外面下着小雨，简陋的木屋里弥漫着诱人的贝香。客人来了又走，走了又来，仿佛那海浪不停地冲刷着海岸。这里本来是海女的故乡，年轻的海女个个像美丽的人鱼，裸露着健康的茶色肌肤在海里劳作。如今，海女们都已经上了年纪，仿佛辛苦一生的母亲。我眷恋故土，也留恋异乡的原风景。窗外雾雨弥漫，茫然一片。

9　最后的人鱼加田绢子

　　半个世纪前，日本海女遍布全国。千叶县房总半岛的御宿町也曾是海女的故乡，这里与三重县伊势志摩，石川县舳仓岛并称为日本三大海女之乡。我对御宿海女感兴趣的很大原因是已故摄影家岩濑祯之

（1904－2001）的摄影集《海女の群像》。通过《海女の群像》中的照片了解到，在半个世纪以前御宿的海女几乎是赤身裸体的生活在海边，延续着古老的渔猎文化。那个年代，海女在这个国度依然处于青春期。

摄影家岩濑祯之在《海女の群像》的结语中写道："海女们那朴素的、原始的，而且充满生命力的肉体美和她们工作的情形是我摄影的主题。……长期以来我不停地拍摄这些与海共生的海女，她们的喜乐哀愁也深深地影响着我。可是，从昭和30年（1955）开始的日本经济高度成长的浪潮，毫不留情地席卷了这个小小的渔乡。渔民们经营起小小的民宿，海女们也开始从事薪资更好的职业。面对这种世相的巨变，我的摄影逐渐失去了主题，直到最后不得不放弃拍摄。……希望这些独特的海女记录，能够作为一种哀愁留给后世，或许这就是我长年与她们共同生活过来的职责。"

我反复地翻阅着《海女の群像》中一个个充满活力的海女和那个不曾被近代文明扫荡的原始生活。我决定亲自去看一看，到那个曾经是海女生活过的沙滩上走一走，或许还能看到《海女の群像》中的一些海女。

2015年8月4日至5日，我利用两天休息日走访了位于千叶县房总半岛的御宿町。4日上午，我从三重县鸟羽市乘坐近铁到名古屋，然后改乘新干线到东京。从东京到千叶还要乘坐1个钟头的电车。换了3次电车之后，在千叶市车站附近租了一辆汽车直奔房总半岛。当晚抵达御宿町，住进了一家叫大野莊的旅馆。这家旅馆号称是伊势龙虾和鲍鱼料理的专门店，晚上特意点了一盘蒸鲍鱼，享受海边的口福。第二天清晨，经旅馆介绍来到御宿町最后一个海女之家，民宿镰仓。经营这家民宿的是一位老海女，名叫东八重子。我与她初次见面，她热情地把我请到自家客房，接受我的采访。她好像是第一次被人采访，加上天气炎热，额头上一直在不停地淌汗，但却始终面带笑容。东八重子出生于1940年，初中毕业就开始当海女，直到去年才放弃潜海捕猎。她说，因为下海捕猎的海女只剩下她一个人，怕周边的人担心她有什么三长两短，所以就自觉地放弃了下海打捞。今年 75 岁的东八重子应该是御宿町最后的一名海女。据当地人说，现在还有几名年轻的海士在潜海捕猎。

当我提及已故摄影家岩濑祯之和他的摄影作品中频频亮相的两名海女时，东八重子对我说，一名在几年前就已经卧病在床，另一名就是加田绢子。我说想要采访加田绢子时，她马上打电话替我联系了加田，并骑着摩托车在狭窄的道路上为我引路。我开着车紧随其后，不多时我们就来到加田绢子的家门口。门前站着一位身材矮小、和蔼可亲的老人，她就是我要采访的加田绢子。东八重子和加田寒暄了几句，并引荐了我。我很感动，毕竟我们只是初次相逢，可是她们没有因为我是外国人而产生戒心和排斥。

加田绢子把我请到屋里，我有幸采访了御宿町半个世纪前还仿佛人鱼般过着原始渔猎生活的海女。

加田绢子出生于 1932 年，今年 83 岁。她的方言很重，说话爽直。她说，能够讲述她们那个时代的海女，现在只剩下她一个人了，另外一名卧病在床的是她从小的朋友。加田拿着岩濑祯之的摄影集《海女の群像》与《海女の習俗》，一边翻看照片一边讲述那个时代的海女

加田绢子

加田绢子和她年轻时的海女照片

生活，并毫不介意地指给我看她年轻时代的半裸照片。她有一张在炭火边热身的半裸照片是日本著名摄影家木村伊兵衛（1901—1974）拍摄的，我把她与照片一同收进我的镜头里。后来，我在木村伊兵衛著《木村伊兵衛 昭和の女たち》中发现了这张照片，照片下面写着御宿的海女（1962年）。

　　加田说，年轻时光着上身穿着自己编织的贴身短裤在海边工作是很自然的光景，很多渔夫只是将关键的部位用绳子捆绑。她们没有多余的装束，因为每天在海边生活，光着身子在海中打捞鲍鱼和鱼贝是渔乡的习惯。冬天尽管冷得瑟瑟发抖，但是从母亲那个时代就是这么活过来的。像现在一样身穿潜水服当然可以采到更多的猎物，可是今年采得多了明年就会减产。她们属于生活共同体，适当的捕猎也是为了保护她们自己的活口。

　　据加田介绍，她年轻的时候御宿町曾有300多名海女，她们一起在海边劳动，休息时饭盒里的菜也是大家分着吃，那是一段愉快而难忘的时光。虽然是初次见面，她却讲了许多那个时代的海女生活，并欢迎我有空再去御宿。

裸，常会被看作是污秽或色情，可是眼前的老人在讲述她的青春时代时却是那么的质朴。我们每个人都是赤裸裸地来到这个世上，离开时也是同样。日本海女如果没有受到近代文明的洗礼，她们或许现在依然赤裸着上身，像人鱼一样在海中沉浮，过着原始的生活。如今，"海女"一词已经在这个曾经是日本三大海女之乡的御宿町成为历史的符号。我们只有在摄影集《海女の群像》中才能缅怀那个天真无邪，充满朝气的海女时代。

告别了加田绢子后，我又来到相隔不远的岩濑祯之的家。他曾经是千叶县名酒"岩濑酒造（岩之井）"的第十代传人，现在，由他的儿子岩濑能和掌管造酒厂。造酒厂内有一栋已故岩濑祯之摄影馆。馆内陈设着《海女の群像》中代表日本昭和时代的海女照片。照片中的海女不仅体现了健康的躯体美，更体现了那个时代的真实生活。她们

岩濑祯之摄影馆里的海女照片

的笑容里没有丝毫的做作，黝黑的皮肤是她们在浩瀚的大海中生活过来的真实印记。

我问岩濑造酒厂的女负责人："现在还有年轻的海女吗？"她回复说："年轻的女孩子几乎都看不见了，没听说有谁想继承这个职业。"离开岩濑造酒厂后，我又来到海边。这里的海水湛蓝，辽阔的海滩却显得荒凉。遥望远处，有许多宾馆酒店林立于海滨。这里已成为人们喜爱的旅游胜地，海女的身影却消失得无影无踪。

第四章　韩国济州岛海女

如果用某种颜色比喻我对韩国济州岛的印象，应该是黑色、红色和蓝色。

在我第一次踏上济州岛时，尽管是樱花与油菜花竞相开放的季节，但映入眼帘的更多的是周边黑色贫瘠的土地。济州岛有"三多"的称号，即石多、风多、女人多。整个济州岛属于火山岛，岛屿中部的休眠火山汉拿山海拔1,950米，是韩国最高的山峰。

路边的石头呈黑色，海边的玄武岩也是黑色。当地人说，岛上的石头多孔，留不住水，无法种稻。低矮的石房，据说是为了防风。旱田上用石头垒成的防风壁参差不齐是用于保温。石头与石头之间有无数的缝隙是为了通风。如果风口被堵塞，保温壁也就弱不禁风了。济州岛属于海上孤岛，来自四面八方的季风吹个不停，地表30公分以下

就是岩体，坚固无比。朝鲜世宗时期对济州岛实行免税的三个原因是"山高多风灾，谷深多水灾，土薄多旱灾。"由此可见，济州岛的生活环境非常严峻。济州岛的女人多，是因为战乱和海难夺走了男人的生命，只有坚韧顽强的母亲（阿妈妮）们世世代代守护着这片黑色贫瘠的土地。

红色是韩国典型的色彩之一。韩国的饮食文化淋漓尽致地体现了这种颜色。辣白菜是韩国的传统泡菜，色泽鲜红，酸辣爽口。朝鲜半岛的冬季漫长而寒冷，辛辣开胃又便于长期保存的泡菜是家家户户一年四季都必不可少的一道美食。2013 年 12 月，韩国泡菜文化被列入人类非物质文化遗产名录。我久居日本，吃惯了清淡的日本饮食，同样是辣口，日本人喜欢用芥末加酱油，韩国人则喜欢青椒蘸辣酱。日本的海鲜火锅是清汤，韩国济州岛的海鲜火锅则是红通通的。包括酒文化，日本是清酒文化，韩国是烧酒文化。在济州岛的日子顿顿品味海鲜火锅和各种泡菜，现在回想起来就浮现火红色。还有那古老的休眠火山，仿佛蕴藏着深不见底的红光。

济州岛最迷人的应该是蓝色的大海。椭圆形的小岛，面积约 1,840 平方公里。济州岛四面环海，从古至今不知有多少文人志士和政治犯在孤岛断崖上望洋兴叹，有的在孤独中丧生，有的在孤独中觉悟。

济州岛又称海女之岛。火山岩形成的海岸岩礁适合海藻和贝类的繁殖。源于北赤道的暖流（又称黑潮）沿着大陆北上，有一部分流入济州岛沿岸，带来丰富的暖海鱼。黑潮不仅仅是洄游鱼活动的流域，也是古代海洋民族在海上开拓疆域的途径。

日本学者高野史男（1917—不详）著《韓国济州岛》中引用了《魏书·倭人传》"好捕鱼鰒，水无深浅，皆沉没取之。……男子无大小皆黥面文身。……今倭水人好沉没捕鱼蛤，文身亦以厌大鱼水禽"。后面又继续写道："这一时期，从南海方面的海洋民（倭人）带来的生活样式·习俗·稻作文化以及中国大陆和朝鲜半岛过去就曾拥有的金属器文化相结合，浑然一体成立的就是所谓弥生式文化，这一文化圈包括北部九州至朝鲜半岛南部。这，与遥远的北亚陆地相接时，从北方移住的蒙古族系原日本人（狩猎采集民）经历的绳文式文化迥然不同。"文中出现的绳文文化与弥生文化是日本上古时期的历史阶段。当时的日本与朝鲜半岛的文化非常相似，既有北方族系的性格，又有南方海洋民族的特征。济州岛位于日本与朝鲜半岛之间，兼容了南方文化与北方文化。

济州岛现在依然保留着原始文化中的巫俗信仰。其信仰的主要形式是万物有灵、多神崇拜和祖先崇拜，这与日本神道教和中国北方民族的萨满教非常相似。这种北方族系的原始信仰与南方潜水渔猎民族的海神（龙王、龙宫）信仰并存，构成了岛国文化的一大特色。

文化往往从中心向周边扩散。由于中心地域不断变化，原始文化多在周边扎根，尤其是在偏远的山村或孤岛。济州岛就属于原始文化保留比较浓郁的岛屿。

在叙述济州岛之行前，首先说明一下此行的目的。

自从1998年留学日本后我只见过母亲两次，一是为忙于生计，另外是迷上了日本的民俗文化。在日本的民俗文化中，海人文化（包括海女文化）一直是我关注的焦点之一。我不是学者，也没有经费，只靠微薄的工资到处奔走、采访、摄影、写稿，并通过网络传递文化。我有家要养，所以不得不勒紧腰带，节衣缩食。就因为自己的一腔热血，我付出了时间，付出了财产，付出了与家人团聚的美好时光。岁月一去不复返，但如果时光能够倒流，或许我还会做出同样的选择。就算有人笑我傻，说我癫狂，给我再多的压力和白眼，我还是无法放弃自己所选择的路。

可是多年来，我一事无成。因为我的面前根本无路可走，我的脚下到处都是阻碍，周围多是见不得我好的人。我被孤立了，就像一座海中的孤岛，一只牢笼里的困兽，无人问津，无人理睬。也许就是因为有太多的阻挠，反而更激发了我的斗志，让我逆流而上。终于，我在2015年3月29日自费出版了第一部日文随笔《现代の海女》。本书介绍的是以日本伊势志摩为中心的海女文化，借此抨击近代文明将原生态文化驱逐殆尽的感伤实录。因为在此之前，我还没有去过韩国济州岛，所以书中没有包含济州岛海女。在《现代の海女》即将问世之际，我思来想去，不跑一趟济州岛总是不太甘心。就这样我联系了 10 年未见的母亲，与她在济州岛会面。

母亲今年 67 岁。父亲在我中学一年级的时候就因病离世了，她含辛茹苦地拉扯我和两个妹妹长大。因为家境贫寒，大妹妹连小学都没毕业便辍学到外地打工赚钱填补家用。小妹妹读到初中，而我却读到了大学。大学毕业后，站了 3 年讲坛，之后在母亲的资助下自费到日本留学。

去济州岛之前，我与母亲只是偶尔通过电话联系。10 多年来，我不说母亲也不了解自己的儿子在日本做什么，误会隔阂自然就产生了。有时候，就算自己想解释，可是根本不是长途电话里三言两语就能解释清楚的。我知道自己是个不孝之子，妹妹也曾替母亲埋怨过我这个不称职的哥哥。我很纠结，有苦难言。2015 年 3 月 30 日清晨，也就是《现代の海女》出版的第二天，我登上了从日本大阪飞往韩国济州岛的航班。母亲也在同一天从韩国首尔飞往济州岛。这是我到日本后第三次见到母亲，这其中的无奈和辛酸无以言表。

从 3 月 30 日至 4 月 2 日，我与母亲一起周游了济州岛。可怜天下父母心，母亲赶来济州岛是为了看我这个没出息的儿子，而我的主要目的却是为了寻访济州岛的海女。不管怎么说，这次济州岛之行给我和母亲都留下了深刻的印象，成了我们母子最难忘的回忆。

1 济州岛第一天

3 月 30 日上午 11 点，我与母亲在韩国济州国际机场久别重逢。母亲的脸上多了一些皱纹，但是看起来还很健康，这让我安心了许多。

我们从机场租了一辆出租车，目的地是济州岛东端的城山日出峰。因为那里不仅有"海女之家"，多数海女集中在东部海岸（城山邑·牛岛）和南部海岸（南元邑），再有就是西北海岸（翰林邑·翰京面·涯月邑）。我们打算在东部海岸住两个晚上，在这里遇到海女的概率相对多一些。从机场到城山日出峰，出租车费是 6 万韩币，中途路经"海女博物馆"。

出租车司机会讲点儿日文和中文，母亲又通韩文，所以在语言交流上并没有什么问题。

今天的天气还算不错。济州市内樱花盛开，车水马龙。车到郊区，看到一群妇女坐在路旁的树荫下吃盒饭，她们正在午休。远处是黑灰色的旱田和防风用的石墙，还有绿树和低矮的石房。

1 个小时后，出租车把我们带到了位于济州岛旧左邑的海女博物馆。

从 1931 年 6 月开始到 1932 年 1 月，为了反抗日本的殖民掠夺和民族歧视，在济州岛旧左邑、城山邑和牛岛一带，共有 1 万 7 千名济州岛海女掀起了韩国历史上规模最大的女性抗日运动。为了纪念海女们的英勇事迹，1998 年 8 月 15 日，就在曾经展开抗日斗争的旧左邑上道里建立了济州海女抗日运动纪念塔。2006 年 6 月，为了推广和传承济州岛海女文化，在海女抗日运动纪念公园内又建立了海女博物馆。

海女博物馆展示的内容共有 3 个主题。第一是海女的生活，第二是海女的工作，第三是海洋。我侧重观看了有关历史的那一部分。

朝鲜正史《三国史记》"高句丽本纪"（1145 年）中记载从涉罗（济州）进献夜明珠（珍珠）的内容，由此推断潜水渔猎活动从朝鲜三国时代（前 57 年— 668 年）以前就开始了。

李健著《济州风土记》（1629 年）记述了潜女赤身裸体遍布海边，持镰浮海，潜入海底，采集海带。男女相杂，不以为耻，所见可骇，捕获生鳆等内容。

济州海女抗日运动纪念塔

海女博物馆内再现的海女休息处

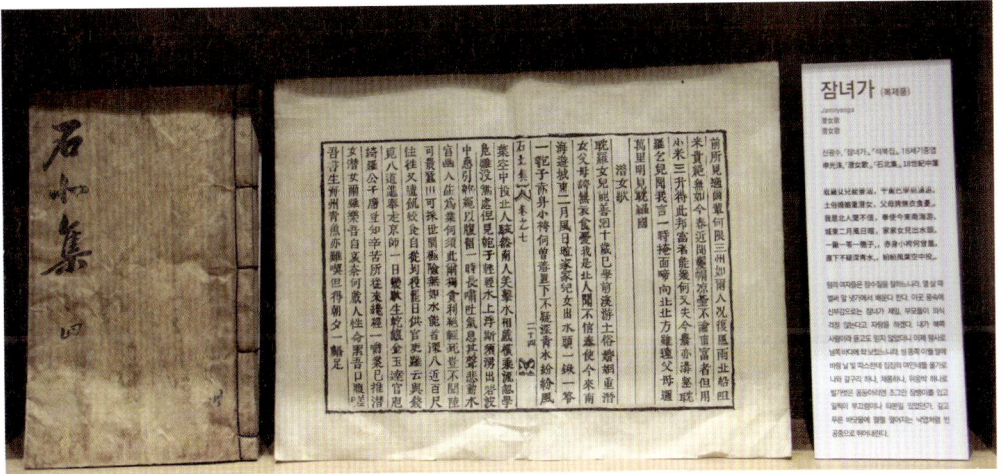

海女史料

申光洙（1712—1775）著《石北集》中的"潜女歌"描述如下。

耽罗女儿能善泅　十岁已学前溪游
土俗婚姻重潜女　父母夸无衣食忧
我是北人闻不信　奉使今来南海游
城东二月风日暄　家家女儿出水头
一锹一笭一匏子　赤身小袴何曾羞
直下不疑深青水　纷纷风叶空中投

从 14 世纪末叶到 1910 年，是李氏朝鲜时代。李氏王朝奉行尊儒废佛，将儒教定为国教。远离朝廷的济州岛尽管由儒士官吏进行管理，男女尊卑贵贱分明的儒家思想并没有将这些赤身裸体在海边作业的潜女驱除岛外。

海女由于生活在社会的底层，历史上很少记载这些默默无闻的海上原居民。当文明与欲望遍及到每个角落，这些靠海为生的潜水渔猎民族被文明净化得快要消失时，人们才会发觉她们的可贵。

济州岛海女世世代代生活在贫瘠的土地上，艰苦的生活、繁重的租税，造就了她们强烈的共同体意识，这种共同体叫作"契"，至今还遍布在济州岛的各个渔村。共同体内按年龄、技巧和品德把海女们划分为上军、中军和下军。被划分为上军的海女可以在 10 ~ 15 米深的水域里捕猎，中军在 5 ~ 10 米深的水域，下军则在 5 米以内的海水里捕猎。她们信仰山神和海神，山神是汉拿山，海神是龙王。岛国没有辽阔的土地，有的是一望无际的大海，这种环境造就了她们精神世界里的山海信仰。

我从海女博物馆出来后，又来到济州海女抗日运动纪念塔前，看到旁边的海女歌碑。歌词（康宽顺作）大意如下。

一、

我们是济州岛可怜的海女们

悲苦生活世人皆知
寒暑不顾风雨无阻
海上漂泊许身大海

二、
日出而渔日落而归
给孩子喂奶做晚饭
劳作一天只得分文
活得憋气难以入眠

三、
这年春天背井离乡
肩负家人生命活口

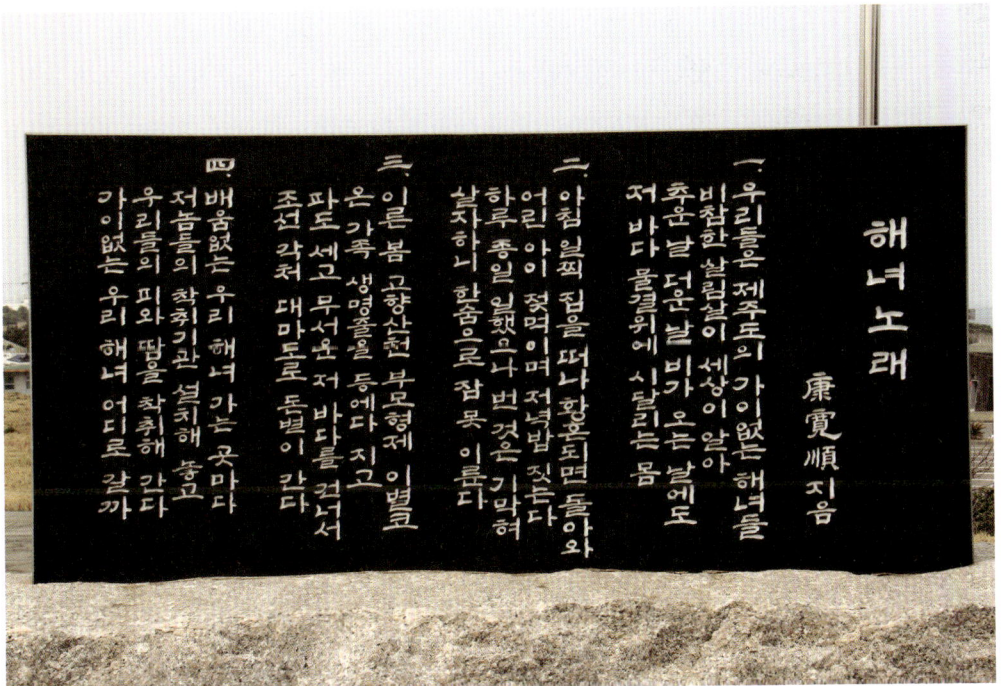

海女歌碑

跨越大海惊涛骇浪

到朝鲜各地和对马岛去赚钱

四、

知道我们没有学识

所到之处都是榨取

榨干我们的血汗钱

可怜海女何处喊冤

从 1910 至 1945 年，是日本对朝鲜半岛进行殖民统治的时期。济州岛海女们在此期间遭受了三重苦难。第一是殖民压迫，第二是岛上固有的男女差别，第三是来自陆地人的蔑视。歌词的内容淋漓尽致地体现了当时的济州岛海女的悲惨命运。

下午 2 点，我和母亲来到城山日出峰。出租车司机首先给我们介绍了当地的一家酒店，叫日出峰酒店，然后领我们到附近的一家海鲜饭店（青云食堂）吃午饭。虽说早已过了中午，饭店里仍然热闹非凡，顾客中有一多半都是来自大陆和香港的游客。韩语、中文，还有听不懂的南方口音掺杂在一起。这里语言不太重要，点菜看图，这个那个，用手比画就可以了，店里的服务员忙得不亦乐乎。我和母亲找个空位，点了两盘鲍鱼海鲜汤。不一会儿，装满小鲍和各种贝类的海鲜锅就端上来了。韩国料理的特色是一道主菜附带米饭和各种泡菜，以辣口为主，色泽多彩，味道浓郁。我们面前的鲍鱼海鲜汤味道酸辣可口，周边的小菜不仅增进食欲，而且营养搭配均匀。

这顿午饭吃得令人满意。母亲为了图吉利，多给司机 2 万韩币的小费。吃午饭时，司机悄悄告诉我们，饭店的左侧就是海女的生活区，附近还有海女休息处。这一小小的指点，给我们的济州岛之旅增添了不少的情趣。

出了饭店，眼前就是高高耸立的城山日出峰。城山日出峰属于火

山脚下的海女之家

山丘，海拔 182 米，2007 年被联合国教科文组织指定为世界自然遗产。山脚下停了许多辆大巴，爬山的人大多是中国游客。韩国人和一小部分日本人基本都是自由行，他们夹杂在中国团队之间，这种感觉任谁都会觉得中国游客已经成为世界旅游业的一个强力支撑。

我和母亲随着人流爬到中途时，看到山脚下的海女之家。海女之家的潜水表演时间分别是下午 1 点半和下午 3 点。现在已经快 3 点了，我和母亲放弃爬山，开始朝着山下的海女之家走去。介绍海女的说明文上写着：海女是只身潜入大海采取鲍鱼、海螺、海带等海产物的职业女性。海女们强韧的精神是济州岛女性和母亲的象征。潜水一职原来以男性为主，朝鲜时代的男人为了躲避苦役逃离了济州岛，潜水一职就留给了女人。

海女之家围满了游客，大都是中国人，其中年轻的南方女性占多数。她们一手攥着人民币，一手指着水槽里的鲍鱼、海螺、海参、八

海女之家的各种海鲜

爪鱼等海鲜用中文问："这个多少钱，那个多少钱。"卖货的济州岛海女面无表情地用中文回答："300块，500块。"我很吃惊，相距遥远的陆人与岛人之间，两句简短的中文就可以沟通，而且买卖在不间断地用人民币成交。这些都是现做，现吃，看来远道而来的中国女性已经熟悉了异国的饮食文化。我一边拍照一边观看买卖交易。成交后的鲍鱼、海螺在海女麻利的动作下转眼间被做成刺身拼盘。在收拾海参的过程中海女将海参的内脏直接送入自己的口中咽到肚里。当时我不明白海参内脏的妙用，吃惊不小，还以为是为了环保。

下午3点整，海女之家的5名中老年海女放下手中的买卖，开始进行海女表演。随着古老的民谣伴奏，她们模拟划桨乘船乘风破浪的场面齐唱海女歌，大家虽然听不懂歌词的含义，却能感受那歌中的哀婉和凄凉。之后，海女们纷纷入水，在海里做即兴表演。海女表演一次大约30分钟，尽管是为了迎合观众，却起到了宣传海女文化的作用。

海女表演

　　离开了海女之家，我和母亲没有再去爬城山日出峰，而是选择到海边的生活区转一转。

　　旅游产业有多层文化内涵。从观景、购物、饮食、住宿到移动，都有一种常规的线路和导向，这属于表层文化体验。异地旅游，如果脱离这种常规的线路和泛泛的足迹，观景就会变成观心，饮食会成为美食，住宿便是脱离日常远离喧嚣。异地的旅游区和生活区通常只有一步之遥，当你迈进这里的生活区时，旅游就变成了一种生活体验。

　　我的这次济州岛之行，其实并没有期待能够看到生活中的海女。生活与旅游是两个侧面，如果将生活区并入旅游景点，生活的本质就会发生变化，传统文化将会遭受金钱和利益的侵蚀。

　　海女之家的隔壁海岸和不远处的牛岛上，现在依然生活着一群海女，她们靠潜水捕猎为生，游客们并没有走进她们的生活，这是济州岛旅游文化的成熟之处。

渔港前忙碌的海女们

　　我和母亲穿过狭窄的道路和古朴的民房，看见 10 多名海女正在渔港前的一处海女小屋前整顿衣物，看情形她们是刚从海里回来不久，当我靠近她们时，海女们很快就走散了。她们对于陌生人的防备和排斥是意料之中的事情。即便如此，我还是觉得有些无奈。这时有两名海女背着箩筐走在长满金黄色油菜花的海岸边，初春的城山渔乡美得像一幅画。

2　济州岛第二天

　　3 月 31 日，清晨 6 点多醒来，拉开酒店的窗帘向外望去，不远处的城山日出峰雾雨笼罩。本想一个人去爬城山日出峰接受朝阳的沐浴，可是外面春雨绵绵，只好放弃爬山了。

雨后的城山日出峰

　　今天，原定计划是去牛岛看海女，但我想，这样的天气海女不可能出海，去牛岛的计划只好被取消。

　　我和母亲简单地吃过早饭后，打电话联系了昨天的出租车司机，让他带我们去探访500年不变的济州岛城邑民俗村。除了城邑民俗村和位于济州岛南部的中文大浦海岸柱状节理带之外，其他的景点就托付给司机了。在济州岛包一辆出租车一天的费用大约12万韩币，酒店服务员说需要15万，我们和出租车司机在电话里谈好是14万韩币。1个小时后，他从济州市赶到日出峰酒店。

　　上午10点，司机带着我们来到距离城山日出峰不远的涉地岬。涉地岬在济州方言中意味狭窄的地方，海边耸立着许多奇岩怪石，岸上是一片空旷的草坪，成群结队的中国游客冒着雨撑着伞走在蜿蜒崎岖的海岸线上。我很好奇，天气这么不好，怎么还有那么多的中国游客来此看海。后来才知道许多韩剧，如《洛城生死恋》《仁显王后的男人》等都曾在这里取景拍片。就像电影《非诚勿扰》在日本北海道拍

涉地岬海边绽放的油菜花

摄、之后掀起的旅游热潮一样，电视和电影的宣传效果得到了充分的体现。

我与母亲撑着伞，随着人流走在昏暗的海岸线上。通向灯塔的海面上耸立着一块孤岩叫"立石岩"，在岩石附近的海水里有一名海女映入我的眼帘。我知道这种风雨交加的日子里，海女一般是不出海的。这是我在日本的伊势志摩形成的固有观念。

我用相机追逐着海女的身影，她形单影只，一个人在荒海中潜来浮去，只有那块孤独的"立石岩"陪伴着她。关于那块"立石岩"据说还流传着一个悲伤的爱情故事。传说古时，此地是仙女下凡用来沐浴的海域。龙王的儿子看上了其中的一位仙女，便恳请龙王允许他和仙女结成一对。龙王答应等到100天时举行婚礼。可是到了100天，突然掀起狂风巨浪，结果仙女没能下凡。龙王说："你的精诚不够，没能感动上天。"悲伤至极的王子站立在涉地岬一动不动，最后变成了一块岩石，那就是"立石岩"。

涉地岬的立石岩

我们的出租车离开涉地岬后，开始奔向济州岛最后的秘境，城邑民俗村。

济州岛从 1416 年至 1906 年近 500 年间在行政管理上施行三邑制。三邑是指以汉拿山为界，北部为济州牧，南侧以东为旌义县，以西为大静县。旌义县的都邑原来设在济州岛东端的古城里，因为倭寇不断侵扰沿海，1423 年将都邑迁移到汉拿山麓的城邑。济州岛没有猛兽，却时常遭受外来者的入侵和搜刮。朝鲜高丽时代（918 年 −1392 年），耽罗国（济州岛）被纳入高丽王朝的版图之内。后来，想要称霸世界的蒙古铁骑入侵朝鲜半岛，于 1273 年占领了济州岛，设置达鲁花赤（镇守者），开始了长达近 1 个世纪的统治。历史的长河中，外来文化尽管以不同方式影响着这个孤岛，可是济州岛在顺势飘摇的同时又将最合理的原生态文化保留至今，这就是今天我们所看到的济州岛。

当出租车开进城邑民俗村时，我仿佛置身于另一个世界。树丛间那低矮的石草房一个接一个地映入眼帘。我以为过去的旌义县都邑早已被观光化的浪潮吞噬，留下的只有几家提供给观光游客感受古老生活的残痕。可是，眼前的一景一物依然呈现着原始的风貌。

童年时，我生活在东北农村的土坯草房里，那是 20 世纪 70 年代到 80 年代初期。家家户户都有猪圈、鸡窝和菜地。乡间的道路上有慢慢腾腾的马车、牛车和拖拉机。每到秋天，人家苫房（房顶铺盖新草）就好像盖新房一样，乡里人一起搓绳、捆草、铺草、草梢朝下、层层铺盖、形成人字形。房子苫好后，人们摆上酒宴一起开怀畅饮。常言道："栽下梧桐树，自有凤凰来。"不久，家雀也开始衔草安家，比邻而居。这些天上的小精灵和家里的公鸡一样非常守信，清晨报晓，黄昏归巢。童年的回忆好像黑白照片一样，虽然色彩单一，却历历在目。后来，草房变成了砖瓦房。现在离开家乡已经好多年了，那里变成了什么模样，我不得而知。古老的民俗村唤起了儿时的回忆，温馨的往事只有在记忆中长存。

城邑民俗村至今保留着朝鲜时代旌义县城邑时的古老面貌。大韩民国的朴正熙（1917−1979）执政时期，推行新村运动，促进农业改革。济州岛的大部分乡村从草房变成了瓦房。由于城邑村位于山里，现代化的浪潮没有像海边那样迅速波及。1984年，城邑民俗村被指定为第188号韩国国家重要民俗资料，济州岛的古代村落得到了应有的保护。

司机带我们去的是韩国游客经常去的民俗村，外国游客常去的民俗村则在另一侧。这其中可能另有原因，但是作为一个异地游客，我们只能看到它的外表。民俗文化扎根在古老清贫的土地，这块土地如果沾染了近代文明，特别是物质文明，古朴生趣的土地文化就将面临消亡。

《说文》：家，居也。从甲骨文、金文到今天的"家"字都是由"宀"和"豕"两部分构成。不难看出人与猪从远古时代就共居一舍。人畜共生表示生活安定，和谐富足。人类的衣食住离不开家，个人的生活、礼仪、教育与社会的秩序都离不开家，这一小小的空间缔造了人类繁衍的历史。济州城邑民俗村至今保留着人畜共生的痕迹，黑猪就是典型的家畜。这里的黑猪又称粪猪，导游说这里的粪猪很好吃。过去家家都有猪圈，猪圈上有一处低矮的石台，漂亮的女导游很形象地蹲在石台上，拎着一条棍子解说道：这里不仅是猪舍，也是大便的地方。棍子用来敲打地面，是提醒粪猪大便来了。人粪还没等落地，粪猪就已经恭候在屁股下面了。经导游这么一解释，我便知道了养育黑猪的奥秘，也感知了这里的生活智慧。

济州岛除了"三多"，还有"三无"的称呼。也就是说，岛上无盗贼、无乞丐、无门。这使我联想到英国的社会哲学家托马斯·摩尔（1478—1535）笔下的乌托邦世界、晋宋诗人陶渊明（365—427）描绘的桃源乡和先秦道家《庄子·逍遥游》中的无何有之乡。对于虚无，理想乡或返璞归真的理想和愿望是一种无上的境界。盗贼和乞丐属于社会的寄生虫，往往在病变中繁殖，将黑白混淆来腐蚀社会。岛上人经历了无数次的社会动荡、苛捐杂税和民不聊生的困苦境遇，可是她们并没有愤世嫉俗，而是逆境求生。城邑民俗村属于岛中之岛，贫瘠的土地上盖起来的每一家石草房，都非常低矮，房顶呈椭圆状，密密

城邑民俗村里的门

麻麻的绳子把茅草棚捆得严严实实，生怕大风将房盖掀走。每一户人家又分成好几间独立的单元，中间的空地是为了通风。

印象最深的是入口处的门。岛上没有盗贼，门也就是一种象征性的存在。两边的石柱上有3个洞，插着3根圆木。3根圆木就是所谓的门。如果插着3根圆木就表示主人外出，插着2根表示主人暂时外出，插着1根表示马上回来。3根都不插则表示家里有人。这种门，我还是第一次见。记得小时候家里的门是木门，如果外出需要上锁。长大了住到城里，门户变得越来越森严。铁门、防盗门，有些富足的家庭还安装了摄像探头，监控着门外的人。门里门外尽管是两个世界，但是门的开放度也表示一种心灵的尺度。人心本是一扇门，门里有心事就会闷，门里有市就会闹，门里有马就会闯。门通向深奥，门通向玄妙，门通向过去和未来。女导游将3根圆木搁到地上，请我们进去。500年不变的世界呈现在我们面前，我和母亲在雨中听导游热心的讲解。眼前的摇篮、水罐、厨房都让人追忆那个一无所有的年代。火山岩搭建的草房看起来破旧，可是感觉很温馨。外边是石头，里边是黏土，这样的设计使小屋冬暖夏凉。

导游最后向我们介绍了济州岛上的特产五味子茶、冬虫夏草和马骨粉。听了她悉心的解说，母亲为我买了些强身健体的冬虫夏草。外边细雨绵绵，雾气笼罩。时值中午，我们决定就在对面的烤黑猪店品尝一下土生土长的粪猪肉。我本来是不喜欢吃猪肉的，可是既然到了济州岛，不吃一顿好像缺少点什么。果然，这里的黑猪肉不同于市场上大量流通的猪肉，它脂肪很少，肉质鲜嫩，味道独特。

济州岛的黑猪肉

吃过午饭，我们离开了城邑民俗村。出租车沿着海岸线向西奔驰。窗外的雨还在不停地下，随着海风四面八方的乱舞。也许是吃饱了的关系，我有些困倦，无意识地眺望着车窗外模糊的世界。忽然，我发现远处的海岸边有人影在晃动。我一下子困倦全无，这种荒天还有人在作业？是海女吗？这么一想，我马上叫司机停下来，拎着相机冒着雨奔向海岸。我的预感没有错，这里除了海女，还有谁会在风雨交加、海浪滔滔的日子里出海捕猎呢？我的衣服被雨淋湿了，相机也好不到哪儿去。情急之下，我用帽子擦拭着淋湿的机休。这个时候，母亲赶过来为我撑伞。因为海风大，雨水随风吹打，伞只能抵御头顶上淋下来的那一小部分。我有些激动，确切地说是被海岸边的情景震撼了。眼前一位老海女正背着几十斤重的海螺，弓着腰，圈着腿从荒波中走来。海水和雨水不断地从她的身上滑落，长年的海上劳作把她的皮肤晒

80 岁高龄的济州海女

成了紫铜色。她的表情很淡然，好像早已习惯了这种天气。我情不自禁的，用一种敬仰的心情将镜头瞄准了她，走到近处时，她竟朝着我微笑了一下，我把那慈祥的笑容收进我的镜头，刻在了我的心里。

之后，我有机会采访到她，并通过我的母亲与她沟通。眼前的老海女虽然看上去只有 60 多岁的样子，其实她已经 80 岁了。据说从 10 岁开始就下海捕捞，今天她和她的 30 名同伴从早晨 9 点开始下海，现在是下午 1 点半。她在荒海里已经沉浮了近 4 个半小时。30 名海女的年龄几乎都在 50 到 90 岁之间，现在大多数海女依然在波涛汹涌的大海里劳作……

如果不来济州岛，不是机缘巧合，任谁都无法想象是什么样的精神、什么样的命运促使她们在这样恶劣的天气下，依然游到大海里去捕捞。就算海女打捞的海产再多再值钱，还能比过她们的生命吗？同样是海女，日本的海女是绝不允许在这种荒天出海的，而且下海的时间限制在上午的一个半小时。济州岛海女每次下海时间长达 5~6 个小时，因为她们是按照每天的潮汐周期进行潜水捕猎的。

潮汐是潜水渔猎民族必备的知识。潮是指早晨发生的涨潮现象，汐是指晚间发生的涨潮现象。海面高度受月亮的引力，时高时低。如果在海边，月亮在头顶上方时，海水会涨高，地球的反方向同时受远心力的影响也会涨高，水位涨到最高点时称"满潮"。地球侧面的海水由于上下涨高，就会相应变低，水位退到最低点时称"干潮"。干潮和满潮约 6 个小时重复一次，因地球每天自转一周，一天会出现两次干潮和满潮。每月在新月和满月时，地球、月亮和太阳处于同一条水平线上，由于引力加大，干潮和满潮的潮间差会达到最高值，被称作"大潮"。大潮是海洋最大限度的起伏期，潮水流动呈现最高潮。

下午两点，海女们成群结队地从荒海里游向岸边。渔港和海岸之间大约有 60 米远，我奔向海边，近距离地拍摄她们。尽管有母亲为我撑伞，可是镜头和焦点不停地模糊，我顾不了许多，只是不停地按快门，拍下这些活生生的现代人鱼。

从荒海中归来的海女们

海女上岸的瞬间

　　现在，物质文明充斥着整个世界，不管是必要的还是不必要的，商场里总是陈列着琳琅满目的商品诱惑着人们。新款、时髦、学历、安定、富足成为年轻人追逐的对象。

　　40多年前，土地的文化和风俗还保持着清晰的纹路。如今，全球化的浪潮席卷了整个世界。本来与文明无缘的边境、土俗、原生态文化也正在被驱逐得难以还原。个性的土地和边缘文化一点点地被侵蚀得均质、等量、单一。日本作家司马辽太郎在《耽羅纪行》中对渔村的女儿不愿当海女的现状作了精彩的论述："现在的文明有些颓废。乱立学校，把孩子们装进栏子里，用上等下等作为区分。社会和家长将孩子们放进等级差的栏子里，通过自他的比较，获得社会意识中的安堵。"

　　我想，如果社会没有巨大的变革，人心没有沉痛的反省，摄生没有足够的节制，眼前的海女也许是这块土地上的最后一代海女。她们活在陆地与海洋之间，带有浓郁的两义性（秩序与混沌）。海岸是连接秩序（生）与混沌（死）的纽带。秩序通常表现在被管理的共同体内，混沌是指未知的外在世界。共同体与外界存在所谓的境界，这种境界往往是不连续的文化枢纽。被管理的共同体在停滞、老化、腐朽时，秩序与混沌之间将会产生微妙的变容。静与动、正统与异端会在境界上展开一场根源性的暴力或秩序的整合。如果秩序代表俗界，混沌则代表圣域。秩序在无止境的扩张时，俗界的魔爪会伸向圣域，我们的生存空间会遭致生灵涂炭和环境的变异。

　　我在岸上看着海女们陆续地从远海漂来，她们的网袋里装满了沉甸甸的海螺，这是她们今天最主要的战利品。我和母亲看到有的海女拎着鲍鱼或紫色海参转交给女管理员。为了表示感谢和难得的巧遇，母亲从管理员那里买了两只新鲜的大鲍鱼和一只紫色的海参。这里是南元邑南元海岸。从此，每当想起济州海女时，眼前就会浮现这些风雨交加中劳作的海女的形象。她们那坚毅的表情和顽强的生命力是这片土地孕育的最可贵的精神财富。

　　接下来，出租车带我们来到西归浦市中文大浦海岸柱状节理带。柱状节理带是由汉拿山喷出的熔岩冷却而形成的。它们呈现出无数个

中文大浦海岸柱状节理带

餐桌上的鲍鱼和
海参刺身

　　大大小小的五角形或六角形的石柱，矗立在海波之上。尽管是雨天，许多观光游客穿着雨衣撑着伞拥挤在狭窄的游步道上拍照留念，感受惊涛骇浪和奇岩怪石形成的自然景观。

　　傍晚，我们回到城山日出峰。晚上，我们又来到青云食堂。饭店的人将我们拎来的活鲍鱼和海参做成刺身。女主人说："这么大的鲍鱼在济州岛已经很难遇见了。"当鲍鱼和海参刺身被端上餐桌时，我发现这种吃法和日本几乎一样，只是海参旁边多了一盘海参肠。我想起了昨天在"海女之家"看见海女生吞海参内脏的一幕。我尝了尝，有点苦，觉得海参的内脏一定是补品。不然，海女们怎么能一个劲地把它咽到肚子里呢。

　　海参一般生息在海底，身体和内脏具有再生的能力。如果遇到危险，海参会把内脏从肛门中全部发射出来，干扰敌人，失去内脏的海参将自己缩成一小团用以保身。两个月后还会长出新的内脏，这就是海参独特的防身术。海参是餐桌上的美食，营养非常丰富。

　　清赵学敏（1719－1805）撰《本草纲目拾遗》（卷十·虫部）载："海参，味甘咸，补肾经，益精髓，消痰涎，摄小便，壮阳疗痿，杀疮虫。其性温补，足敌人参，故名曰海参。"

　　我们又点了一盘主菜，辣炖带鱼。桌面上美味佳肴，五味俱全。

〰 150 〰

我和母亲第一次到海外旅游，并有幸在韩国济州岛吃到了最新鲜的海中珍宝，母亲第一次品尝鲍鱼刺身和生海参。她不喝酒，今天却点了一瓶韩国浊酒"马格利"。母亲喝了两杯酒后对我说："你父亲死后，你说将来带妈坐飞机到国外去旅游，你没有做到，你妹妹却做到了。我过六十大寿时，你连一个电话都没有，妈很难过。妈知道你在异乡工作不容易，可是连一个问候都没有，这让妈太寒心了……妈在韩国打工并不容易，你没有给我寄过一分钱，妈不怪你，妈妈老了，只是希望你想做的事能做到底，常来电话……妈妈惦记你们……"母亲哭了，我也哭了。

3　济州岛第三天

4月1日清晨醒来，窗外浓雾弥漫，看不到城山日出峰。看来这趟济州岛之行与登山无缘了。今天的计划是上午乘船去牛岛看海女，下午去济州市确认明天举办传统海女节"济州七头堂灵登祭"的地点，然后陪母亲逛东门传统市场。

济州岛现有 5000 名海女，城山邑城山里住着 100 多名。听当地人说，海女的平均年龄是 71 岁，年龄层多在 50~90 岁之间。本想进一步了解城山日出峰脚下的海女，因为时间和语言（我母亲说，济州岛海女讲的当地方言她也听不懂）的关系，我没有进一步深入她们的生活。济州岛海女现在还保持着严格的共同体意识，如果想要采访当地的海女，就必须要经过契长的同意。当我们问及契长的住处时，许多人都说不太清楚。我没有时间耽搁，短短 4 天的济州岛之行，不能要求太多，能够接触到当地的海女就已经知足了。

上午，我与母亲走在通往牛岛的沿海路上，这条路号称是"海女之路"。海边长满了油菜花，另一边则是海食断崖，我一直注视着浩瀚的大海。大约 20 分钟后，我们来到了城山浦港客运码头。渡轮每

驶向牛岛的渡轮

隔半个小时往返于城山浦港与牛岛的天津港一次。渡轮上一辆接一辆的汽车驶进船舱，几乎都是韩国本地游客，连人带车摆渡到牛岛周游。

从城山港至牛岛天津港乘船只需 15 分钟，我们于 9 点 15 分随着人流踏上了牛岛。牛岛位于济州岛的东端，其形状如同海上卧牛，因此得名牛岛。岛上海女众多，又称海女之岛。

下船之后，眼前是一处广场。中央设有牛岛海女抗日运动纪念碑和等身大的海女雕像。周边是各种餐饮店，还有租赁自行车、提供电动车和旅游大巴等交通工具的服务站。

我们从售货摊那里得知，通往右边的海岸线上就有海女。我和母亲没有乘坐任何交通工具，按照当地人的指点，走进通向海岸线的石塔路。海边是一望无际的石塔和石冢，一颗颗垒起来的石塔就是岛上人祈愿今生的幸福和供养祖先的圣地。它看起来零乱，却代表岛民一代代传承下来的朴素信仰。

这让我想起英国人类学家爱德华·伯内特·泰勒（1832—1917）

著《原始文化》里的"万物有灵论"（Animism）。万物是指人、动物、植物以及非生物。灵是指用肉眼看不见的精神活动。有善灵、恶灵、祖灵等。在蒙昧，野蛮和未开化的时代，人类只是自然界的一个组成部分，人的生存处处遭受自然界的威胁和限制。祖先崇拜、自然信仰和多神教是信仰行为的一般准则。对于长期生活在济州岛的海洋民族来说，汉拿山、大海与风就是她们精神的寄托、心灵的归宿。

路边有一个店铺，上面用韩文写着牛岛石塔休息店。我与母亲来到店铺里，一名中年男子热心地给我们介绍了有关牛岛海女的一些状况。据他说，牛岛现有 300 户人家，海女人数约 150 名。记得第一天和第二天为我们带路的出租车司机说，牛岛上约有 450 名海女，看来这是过去统计的数字。

男子继续说：过去这里的海洋很富饶，可以采到很多鲍鱼。家家户户的女人都当海女，一户就有两三名海女。现在岛上的年轻人多数都选择考大学，去城市里生活。嫁过来的女人不熟悉这片海洋，春天采集海草时，本来要使用镰刀割，保留草根让它可以继续发芽成长，可是她们没有保护资源的概念，海草被连根拔起。还有，在采鲍鱼时，

牛岛海边的石塔路

她们拨开鲍鱼借以生息的岩石后，没有放回到原位。她们的这种行为等于拆毁鲍鱼的家，破坏它们的生存空间。就像眼前往来于城山港与牛岛天津港之间的渡轮一样，同样在破坏这片海域。尽管新航路的开辟有益于交通和贸易，并帮助岛民过上更好的日子。可是对于海女来说，这里原本是属于她们潜水捕猎的空间……

最后他告诉我们，眼前的石房就是海女们休息的小屋，今天11点左右海女们将聚集到那里。

上午10点，有一位年迈的海女提前来到石房前，我有幸采访到了她。她姓金，今年78岁。她从八、九岁开始下海捕猎，最深可以潜到15~18米。我问她每次潜到海底再浮到水面大概需要多少时间，她说不太清楚。因为潜入海底是为了捕捉猎物，从来没计算过潜水的时间。一年四季分别采集海带、鲍鱼、海螺、章鱼等不同的海物。当我问她海女的接班人时，她回答说，现在捕捞的猎物比以前少了，包括自己

我与牛岛海女

牛岛海女

牛岛海女休息取暖的地方

牛岛海女的背影

准备入海的牛岛海女

的女儿在内，年轻人都去读大学，然后在城市里过舒坦的日子。她的表情看起来有些无奈。是啊！关于海女的未来怎能是一辈子以海为生的老海女能够解答得清楚呢。

11点多，海女们陆陆续续聚集到石房前，更换衣物，做下海前的准备。今天大约有十几名海女，年龄最大的据说有85岁，最小的也有40多岁。她们换好海女装束后分成两组。年龄稍小的几名海女，有的拎着长枪（潜水刺鱼用），有的拿着铁铲，强健中带有野性的美感。她们朝着别的方向走去，我跟着她们走了几十米远，后来只能眺望她们远去的背影。她们的随身用具很简单，只用手中的长枪和铁铲捕获猎物，属于原始的渔猎方式。工具是人类赖以生存的器具，也是身体和欲望的延伸。如今的工具进化很快，可谓日新月异，可是海女们却依然使用原始的铁器刺鱼、撬鲍，或是徒手拾贝。

我与母亲看着牛岛海女们游进大海，在波浪中浮沉。游在最后的一名海女突然沉入海底，当她浮出水面时，铁铲上刺到了一条大鱼，为了让伙伴们看到，她将战利品在空中摇晃了几下。今天她们要在这片海域打捞五六个钟头，这让人难以置信。

吃过午饭之后，我们乘船离开牛岛。我站在渡轮的栏杆上，看见海女们依然在海上劳作，仿佛现代的人鱼。回到城山港，走在海女之路上，看见这里也有海女在海中打捞。岸边有三三两两的游客在关注着海女的身影，她们的狩猎方式虽然单纯却充满了危险。海上不像陆地，没有落足之地，潜在水中，空气都变得异常珍贵。

下午，我们搭上一辆出租车离开了城山日出峰。1个小时后到达济州市。我与母亲在济州港东部的纱罗峰公园附近找了一家简易的旅馆，把行李放到旅馆后，便来到纱罗峰公园，确认"济州七头堂灵登祭"的举办地点。在公园里的丛林里，偶然的发现了一块墓地，石碑上刻着"行首内医女金万德之墓"。

金万德（1739—1812）是济州岛出身的行善商人。她自小失去母亲，从身份卑贱的妓女攀升到朝鲜的巨商，冉把自己的全部财产捐助

行首内医女金万德之墓

给深受灾难的民众，是一位带有传奇色彩的韩国女性。墓地旁坐立着原始的石像，叫石头爷爷。

石头爷爷是济州文化的一个象征。它本来是共同体的守护神，后来又赋予了神秘、多产、升官等诸多内涵。通常摆放在城郭、村落或家门的入口处。这和我在日本长野县看到的道祖神石像、鹿儿岛县看到的田神石像有些相似。石头爷爷本来是一种原始符号，它们通常是阴阳一对，呈现男根状，设在三岔路、丁字路或家门口处，有消灾避邪、子孙繁荣、祈祷丰作和再生等含义。

经路人指点，我和母亲来到公园内的本乡堂。这里开满了樱花，有几名当地人在花丛中散步。济州市健入洞一带的人们主要从事渔业。本乡堂又称七头，七头源于七座龙头石。过去灵登祭一直在海边举行，现在移到了纱罗峰公园内。健入洞本乡堂是济州七头堂灵登祭的举办地点，明天（4月2日）将在这里举办灵登送别祭，也就是岛上巫仪。健入洞本乡堂面积不大，半圆形的石墙内分别立着3块石碑，从左至

石头爷爷

右刻着：海神船王—灵登大王神位；都元帅—配龙王夫人神位；南堂爷爷—南堂奶奶神位。旁边的说明文上写着：每年农历2月，济州岛随处都举办灵登祭。

灵登祭是村里的神房（巫师）为了祈愿风神、灵登奶奶、龙王、山神等诸位神明带来丰作与丰渔而举办的巫俗仪式。

济州七头堂灵登祭在济州市健入洞本乡堂举行，是济州岛灵登祭当中最具代表性的巫仪。灵登神被认为是每年农历2月1日来访济州岛的神明。济州岛的渔夫和海女相信，灵登神于2月1日会带来富饶的海产，并在2月15日离开岛屿。

济州七头堂灵登祭从农历2月1日的灵登欢迎仪式开始，直到农历2月14日的灵登送别仪式结束。据说，送别仪式的规模要比欢迎仪式盛大得多。

灵登欢迎仪式是由请神仪式、祈祷丰渔仪式、抚慰祖先仪式等构成。举办灵登欢迎仪式的两周后还要送走灵登神。送别时，除了供奉酒、糕点、谷物之外，村里的老人还要把蒿草制成的草船放流到大海里。把草船送到大海的仪式称"泊放船"。

健入洞本乡堂

　　济州岛的民众相信，送走灵登神后春天就会到来。人们笃信灵登神离开济州岛时，将会绕岛一周，播撒大量的海产物种子后才离开。

　　村里除了神房之外，海女和拥有船只的船主也是灵登祭的主要后援。

　　作为定期举行的庆典，这种仪式蕴含着济州岛民的独特信仰，并承载着岛民对大海的无限敬畏和感恩。

　　2009 年 9 月 30 日，在阿联酋阿布扎比举行的联合国教科文组织保护非物质文化遗产政府间委员会第四次会议上，"济州七头堂灵登祭"被列入人类非物质文化遗产名录。

　　对于第二天举行的七头堂灵登祭做了简单的事先调查后，我才安下心来。

　　我和母亲从纱罗峰公园出来后，就在路旁等出租车。接下来我们准备去东门传统市场逛一逛。这时，旁边走来一位老人，他手挂着拐杖，

东门市场

种类繁多的韩国泡菜

像是一名退役的军人。他看起来对我们很感兴趣，问我们要去什么地方。母亲待人亲切，对陌生人也不忌讳，有问必答。他说，他也路过东门市场，并打算和我们同乘一辆出租车，我和母亲没想太多，就答应了老人的请求。可是当我们坐上出租车后，老人问东问西，还问母亲的老家等等好像在搞调查。我有些反感，后悔让他搭车，可事到如今只有坐在一旁默不作声。我们到达东门市场，当母亲把出租车钱递给司机时，老人却一把将钱抢过来说他要付款。我们素不相识，当然不会让他付车费。就在母亲拒绝收回这笔钱的时候，他竟然把钱甩到了车窗外，纸钱随风飘散了一地，出租车也扬长而去。老人的行为很古怪，对于外来人，他怀着一种难以琢磨的心态。钱，是母亲用辛苦换来的，就因为我们是外来人，他就可以如此对待吗？人心如果呈现畸形，分辨是非的能力就会产生偏颇，这种偏颇比身体上的残疾可怕得多。

虽然经历了这件不愉快的事，母亲好像什么事儿都没发生一样，依然兴致勃勃地逛市场。我向来不喜欢逛街，只是默默地跟着她，这两天多亏了母亲帮我做翻译，如果能够补偿一点内心的歉疚对我也是一种安慰。东门市场里摆着琳琅满目的商品和土特产，这对于喜欢逛街的主妇和游客来说是再好不过的选择了。

4   济州岛第四天

天有不测风云。4 月 2 日清晨，外面刮起了大风。济州岛三多中的"风"影响着岛民的生活，包括我这个外来人也被卷入了一场小小的风波里。

今天是观看济州岛风神和海神的巫仪——济州七头堂灵登祭的日子，也是我们在济州岛停留的最后一天。灵登祭从早晨 9 点持续到晚上 6 点。因为我和母亲分别要乘坐晚上的飞机离开济州岛，所以决定下午 3 点离开现场，行李暂时寄存在旅馆里。

奇怪的是从早晨8点开始，旅馆的房东和服务人员一个都看不见，我心急如焚，只好让母亲看管行李，提前拎着相机坐上出租车先赶到纱罗峰公园内的健入洞本乡堂。

当我到达举行灵登祭的现场时，正好赶上一行人身穿传统韩国服装敲锣打鼓地走来。空中飘舞着两面旗帜，上面分别画着龙和凤。因为今天风大，灵登祭改在本乡堂附近的会馆内举行。我以为会有很多民俗爱好家或是各国游客来观看人类非物质文化遗产——济州七头堂灵登祭，可令人意外的是，会场内似乎只有韩国国内的电台、报社和当地的一些民俗学者。妇女们大多是海女，她们正在祭坛前摆放着各种供品。其中最醒目的是红纸上用汉字写着各路神仙的神位。从左至右分别是：

1. 玉皇大帝下监　神位

2. 一万八千　神位

3. 龙王大神　神位

准备供品的场面

济州七头堂灵登祭的祭坛

4. 龙王夫人　神位

5. 四海　龙王神　神位

6. 龙王　船王神　神位

7. 龙王　使者神　神位

8. 各本乡　神　神位

9. 灵登　大王　神位

10. 灵登　夫人　神位

11. 灵登　户长　神位

12. 灵登　别监　神位

13. 灵登　道令　神位

14. 灵登　女美　神位

除此以外，祭坛周围还写着许多赞助和捐款的单位及个人（海女、船主等）的名字，并用订书机将纸币钉在捐款人的下方。祭坛上的供品有酒、米、年糕、水果、山珍海味和烤猪头等。

济州七头堂灵登祭

男巫在祭坛前跳舞

当地海女走进会馆后，每人朝着祭坛进行九次跪拜礼后方才入座。在灵登祭举行的途中也不时地进行叩拜仪式。

上午9点，济州七头堂灵登祭在锣鼓声中开始了。

巫觋属于原始宗教，它与萨满教和泰勒著《原始文化》里的"万物有灵论"非常相似，属于多神信仰。巫觋是人与鬼神的媒介。男巫为觋，女巫为巫。在人类社会处于蒙昧阶段，各种疾病、灾难用科学的方式无法解释的时候，祈祷安全、健康、丰收是人类最低的奢求也是最高的愿望。

眼前的男巫和女巫不停地旋转，他们不停地念叨，锣鼓声也不停地回荡在拥挤的会馆内。人们在古老的仪式中陶醉、痴迷、恍惚。我只是目瞪口呆地观看、拍照和回忆在日本的民俗仪式中感受到的某些类似的场面。万物有灵论是属于原始阶段的宗教信仰，在封闭的岛国至今保留着这种灵魂鬼神观。淳朴的济州岛岛民相信堂神中有风神、

海女进行跪拜礼仪

海神、农神等一万八千柱神灵。

在古代民俗世界中，灵魂与祖先密不可分。古人认为，当生命存活时，灵魂附着在肉体上，生病受伤是灵魂的短暂游离，死亡则是灵魂永远的脱离。生灵一般指活人的灵魂招致压抑、怨恨而转化成怨灵或魑魅诅咒对方，使对方生病或死亡。死灵是指死后的灵魂，多指没有善处的灵魂处于游离状态，在生者与死者之间兴妖作祟，通过长时间的供养和祈祷后才得以升华为祖先或祖灵；死灵若没有得到足够的供养和祈祷，就会变成魍魉，牛鬼蛇神或精怪。魍魉音同罔两。《说文》"罔两，山川之精物也。"神灵可通人间感情。每当祭祀神灵时会摆设酒宴，举行迎神仪式，然后是款待、奉纳歌舞、竞技（阴阳交合）、使神欢心，最后是送神仪式。

济州七头堂灵登祭中的灵登神属于外来神，它于每年农历二月一日随风飘至济州岛翰林邑，并围绕济州岛一周，播撒谷物和海产物的种子。二月十四日通过牛岛回归到江南天子国。江南天子国是指中国。自古以来，中国文化影响着朝鲜半岛，而济州岛民却孤立在火山

巫师、海女和渔夫将这些草船送归大海

岛上过着清贫的日子。人们将希望寄托于传说中的灵登神随着季节风带来丰饶和富有，并通过巫男巫女的占卜、播种、祈祷、跳舞等仪式来博得灵登神的欢心，期待一年的丰作和丰渔。朝鲜半岛的人民是好客的民族，人们喜欢用比较质朴的方式迎接远方的客人，当客人离开时会欢歌跳舞、热情款待，期待下次重逢。这在灵登送别祭时表现得淋漓尽致。尽管韩国政府曾一度把岛上的古老信仰归结为迷信而予以扑灭，可是济州岛民的巫俗信仰早已深入骨髓，使得这一灵登巫仪于1986年被指定为韩国重要非物质文化财，2009年被载入了人类非物质文化遗产名录。

岛国通常是一处闭塞的独立空间。古老的巫俗信仰并没有因为朝鲜时代的儒教统治而被感化。李氏朝鲜时代，社会分为贵族阶层的两班和农商阶层的常民。对于裸身潜水、大声说话的潜嫂来说，她们的地位是下贱的、卑微的。她们的劳动以及她们的生死没有得到应有的保障，她们唯一的信仰就是笃信眼前的石头、树木、山体、风和大海可以抚慰自己的灵魂。这一标记就是最朴素的巫堂。巫堂里住着她们的祖先，她们常常会在堂前祈祷。家人生病会通过巫堂的掌管人（神房）替他们排忧解难。她们相信超自然的神明，相信万物有灵，相信死后的灵魂会和祖先同在。

我与母亲于下午3点离开灵登送别祭现场，打一辆出租车回旅馆取出行李后直奔济州国际机场。一路上，我问母亲的感受。她说在观看灵登祭的时候，周围的女人不时地排挤她，我母亲无意和这些人争座位，所以大部分时间都在会馆的外面。我母亲看当地人捐钱，她也掏出两万韩币作了善意的捐赠。服务人员想要母亲的名字，好让灵登神知道母亲也是敬神之人。可母亲无意留下姓名，两万韩币据说被搁置到猪头的下方。服务人员开始变得亲切，主动让我母亲到会馆内观看，她却一直站在外面，因为她对巫俗信仰不感兴趣，又听不懂这些巫女们在念些什么。会馆内偶尔有人伸手要捐助，我就随着众人，每次捐赠1000韩币。钱虽不多，却是遵循入乡随俗的礼节。

母亲是乘坐下午6点的航班飞往韩国首尔。我是乘坐下午7点的航班飞往日本大阪。可是就在母亲办好登机手续后，屏幕上显示从济州岛飞往海外的多数航班被取消，原因是"风"大。从济州岛飞往大阪以及上海等地的航班都被取消了。母亲黯然，她说事情总是这样难以预料。我马上给日本的公司打了电话，把上班的时间改到第二天下午。

　　母亲乘坐的班机按时起飞了。我只好一个人从机场打车回到济州市内，随便找了一家宾馆。晚上在附近的一家叫阿妈妮的餐馆里，点了一盘豆腐炖辣白菜和一瓶汉拿山烧酒，喝起了闷酒。早知如此，灵登送别祭就该看到巫师、海女和渔夫将灵登神送走的最后一幕。世事难料，人生总是有太多的无可奈何。

　　酒过三巡，我用生硬的韩国语和餐馆里的女主人闲聊起来。她是从韩半岛嫁到岛上的外乡人。她说，济州岛的四周都是小小的海女部落，可是这些海女都已经上了年纪。她告诉我，除了牛岛外，加波岛、马罗岛、飞扬岛上依然生活着海上原居民。

　　接着，又和女主人谈及历史和姓氏。李氏朝鲜时代，发音相同的全与田（朝鲜语发音：ZHEN）姓，如果是全姓则代表贵族，田姓则代表平民。济州岛建国神话中出现的三神人分别姓高、良（后改称梁）、夫。这些姓氏都是汉字，与大陆文化有着不可分割的情结。

5　济州岛第五天

　　4月3日拂晓。当外面还是漆黑一片的时候，我便打了一辆出租车直奔机场。昨夜的飞机因"风"推迟到今晨起飞。我头昏脑涨，昨夜的烧酒依然在胃肠里翻滚。街上静悄悄的，出租车里传来悠扬而沙哑的男低音，歌词中有一句"想去，想见，我的心"。触动了我的心弦。

男儿有泪不轻弹，可是此刻我的鼻子发酸，眼泪不由自主地流了下来。多少次想回家，想把心中的委屈道给家人，可是我没能做到。我只有把哀怨藏在心底：痛了，割自己的心；乱了，搅自己的肠。我不知道还要漂泊多久，才能拥有自己的家。

济州国际机场里挤满了人，大多数是来自中国南方的旅游团，其中多数是因为风而多停留了一夜。航班时刻表上写着飞往常州、上海、天津、北京、成都等熟悉的名称。我数了一下飞往上海的航班，一天就有4趟。参加团旅的多数是女性游客，我听着普通话、上海话还有南方话。这些语言和韩语，日语夹杂在一起显得特别的亲切。因为我知道，不管是北方古老的阿尔泰语系，还是南方语系，早期的语言里多带有母音，尽管听不懂却有一份亲切感。

不管任何语言，当你接触它时，会发现每个人的发音都不大一样，每个地域和每个时代的变化就更加明显。不管是南方、北方、东方、西方，人们所承载的历史都是随着当地的风土而孕育、变迁、传承下来的，不应怀有哪种语系、民族和文化是低级或是高级的想法。就汉字来说，尽管是普通话，各地的发音也不尽相同。

司马辽太郎在《耽罗纪行》中写道："日本的汉字是从古朝鲜的百济传来的。百济与长江下游的吴（苏州一带）和长江流域的建业（南京）有往来，汉字的发音与吴音相同。因此，日本奈良时代的汉字发百济音（吴音）。"不难看出，日本、朝鲜半岛与中国大陆文化自古以来紧密相连。

中国长江流域的吴文化与江南一带的越文化早在公元前就通过海路传到岛国，沉淀至今。海女文化被说成日韩文化，可是追随历史的足迹与海洋的脉流，不难看出潜水渔猎是中国东南沿海一带的蜑民自古以来的习俗。我们知道，泉州号称海上丝绸之路的起点。白水郎或泉郎这一名词在日本的古汉语中是潜水渔猎民族的代称，它与蜑人一样古老而相似。

办理登机手续时，眼前的女游客们说着听不懂的南方话，但我知道她们都是龙的传人。有些人的腿部呈现罗圈腿的形状，我又想起风雨交加的日子里在海上劳作的阿妈妮们。这些海女的祖先以木舟为家，漂泊荡漾，因为长期跪坐在狭窄的船舱里，腿部呈现内曲或外曲。听着熟悉的乡音和南方口音，仿佛是海女们无拘无束的谈笑声，又仿佛是大海在呢喃。我的心无法平静，直到我们分道扬镳，各奔东西。随之而来的又是孤独，寂寞和漫长的煎熬。

回到日本后，网上传来了牛岛海女溺水身亡的消息，我的心再一次被牵动。她们逐渐被主流社会所认知，她们的巫俗信仰，包括其中最具代表性的济州七头堂灵登祭已经被指定为人类非物质文化遗产名录。

济州岛之行虽然短暂，因为有母亲做伴，再加上风雨中与济州岛海女在海边奇遇的情景，包括80岁的老海女朝我微笑的那一幕，我至今难忘。济州岛、海女和母亲总是在同一幅画面中浮现、重叠，让我感到痛心和愧疚。记得母亲对我说过这样的话："我照看过一位90岁高龄的济州海女，她的肤色发黑，腰板很硬。她的皮肤和肌肉不像正常人那样松弛，肉皮和肌肉好像连在了一起，非常结实。她说不了话，眼睛却一直瞪视着前方……"这是母亲过去在韩国首尔的一家医院里做看护的经历。

济州岛海女背负的历史和生活的重任是常人难以想象的，她们的意志如同顽石一样坚固，她们的肌肉直到死的那一天都没有松弛过。她们把一生献给了大海，海边垒起的一块块石头，就是她们死后的坟冢，她们的生命永远与大海同在！

风雨无阻

雨中劳作的韩国济州岛海女

第五章　生命的源流

1　蜑人与珍珠

三重县鸟羽市被喻为海女和珍珠的故乡，其缘由是因为这里的海女人数在整个日本最多，而且又是珍珠养殖的发祥地。提到御木本珍珠（MIKIMOTO PEARL），整个日本无人不晓。世界的珠宝商们基本都知道御木本珍珠是世界上最昂贵的珍珠品牌。其创始人就是鸟羽市出身的御木本幸吉（1858—1954）。

御木本幸吉铜像　三重县鸟羽市内的御木本珍珠岛

御木本珍珠岛的海女表演

御木本幸吉号称珍珠王，出身于一个世代经营乌冬面的家庭，店名叫"阿波幸"。他生长的年代正赶上明治维新的浪潮，日本开始脱亚入欧，推行富国强兵，产业兴国。1893 年 7 月，御木本幸吉在经历多次失败后在家乡的相岛（御木本珍珠岛）发明了半圆珍珠的养殖方法。也就是从实验中的珍珠贝（阿古屋贝）里发现了半圆珍珠。1896 年获得了半圆珍珠养殖的特许权，开创了人工养殖珍珠的新时代。1907 年，见濑辰平（1880—1924）和西川藤吉（1874—1909）发明了真圆珍珠，并得到特许权。

伊势志摩养殖珍珠的主要产地是三重县志摩市英虞湾。为了供养用生命换取珍珠的珠贝之灵，从 1951 年开始，每年于 10 月 22 日这一天在志摩市贤岛举办"真珠祭"（日本将珍珠写成真珠，沿袭了中国古代的称呼），并祈祷珍珠养殖事业的繁荣。

2015 年 10 月 22 日，我观看了在志摩市阿儿町贤岛举行的真珠祭。贤岛是英虞湾上 64 个岛屿中最大的一座岛屿，1929 年以前还属

真珠贝供养塔

真珠祭

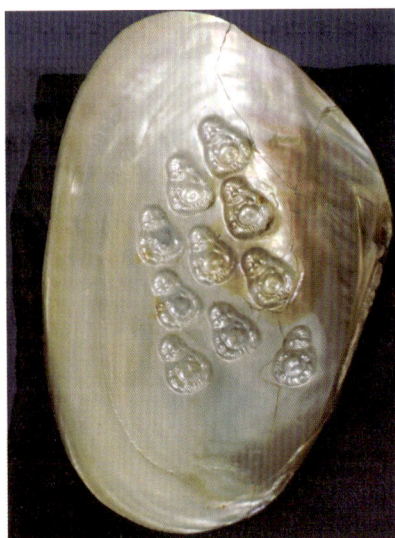

佛像真珠—13世纪制作于中国
（志摩市历史民俗资料馆藏）

于无人岛。1951年，也就是举办真珠祭的同一年，岛上兴建了志摩观光酒店。从此，贤岛成为伊势志摩的旅游景点之一。

举办真珠祭的円山公园内耸立着"真珠贝供养塔"，不远处还设有"真圆真珠发明者颂德碑"，石碑上记载着西川藤吉、御木本幸吉和见濑辰平的名字。参加真珠祭的人大部分都是从事珍珠行业的人士。大约有300人朝着真珠贝供养塔鞠躬、祈祷，然后将100多只珠贝和数万颗珍珠投入大海，表示感谢和敬意。

人工养殖珍珠最早发明于中国宋代。因为早在11世纪就发现了，将铅制佛像插入蚌的贝壳与外套膜之间形成佛像珠，又称蚌佛，这是距今最早人工养殖珍珠的佐证。

北宋人庞元英著《文昌杂录》（卷一）中就记载了养殖珍珠的方法。文中写道："有一养珠法。以今所作假珠，择光莹圆润者，取稍大蚌蛤，以清水浸之。伺其口开，急以珠投之，频换清水，夜置月中。蚌蛤采月华，玩此经两秋，即成真珠矣。"由此可见，宋代中国已经发明了人工养殖珍珠的方法。后来，这一技术传到欧洲，又辗转传到日本，通过三重县鸟羽市出身的御木本幸吉将其产业化，并将真圆珍珠

176

养殖法普及到世界。

三重县伊势志摩自古以来就是海女（蜑人、白水郎）的故乡，而且是天然珍珠的产地。海女们生活在海边，主要靠潜水采集鲍鱼和各种鱼贝类为生，并与珍珠有着不解之缘。

《万葉集》（第七卷）载："伊势海之白水郎之嶋津我鰒玉取而後毛可戀之将繁。"

"伊势海之白水郎之"可以理解为伊势海边生活的海人。"嶋津"是指志摩海港，"鰒玉"为鲍珠，"取而後毛可"指取得之后也，"戀之将繁"指恋情仍将持续。这段文字的大意是：在伊势志摩海边生活的海人采到鲍珠之后，眷恋之情依然如故。

《和漢三才图会》（卷第四十七·介贝部）中提到了伊势珍珠。文中写道："势州多取之。海西大村亦有其珠。……珍宝也。皆色润白有微青光。华人见之则喜求之。价最贵。以小者为药用。"势州是古代伊势国的代称，海西大村指志摩半岛的沿海村落。江户时代，华人主要聚集在长崎，产自伊势志摩的天然珍珠早在 300 年前就通过华商运往中国。当时正值清朝康熙帝统治期间，属于盛世景况。《和漢三才图会》中又介绍了珍珠的药用价值以及月光感应之说。如"入厥阴肝经。古能安魂定魄。明目治聋。""孕珠如怀孕。故谓之珠胎中秋无月则蚌无胎也。蚌蛤珠胎与月盈亏也"等。

《志陽略誌》（1713 年）比较详细地介绍了志摩海女采集珍珠贝的史实。文中提及，如果发现天然珍珠，通过华侨之手（转卖到清朝）会发大财。原文："真珠贝。鹈方、迫子、塩屋、檜山路、濱嶋、布施田、船越、神明浦等江海蜑妇采之。按真珠贝则蚌也。……腸有真珠。色青、色青白、明蛍。黄色者次之。渔人得之大利。华人至宝之。故多送肥之長嵜以貨之。"

原文中的地名现在基本没变，其中，鹈方近铁车站是志摩市的中心站。濱岛町每年初夏举行的伊势龙虾节是伊势志摩地域的一大节日。布施田、船越现在依然生活着一些高龄海女。当地渔民主要从事海水养殖珍珠业和捕渔业。文中提到的肥之长崎，"肥之"是指过去的长崎县，古称"肥前国"。

编撰于明治时期的《三重县水产图解》（1883年）是了解三重县各个渔村的重要文献史料。《卷之四·真珠》写道："真珠贝多产于志摩国沿海一带。捕获真珠贝不分四季，5月至7月为最佳季节。"文中又介绍了捕获珍珠贝的方法共有3种，其中一种就是蜑妇潜水捕获的方法。

由此可见，三重县志摩市从奈良时代到近代一直是天然珍珠的产地，从事采集珍珠的就是靠海为生的蜑人。1902年之后，日本媒体逐渐将蜑妇改称为海女。

海女古称蜑人。有关蜑人采珠的历史，可以推溯到上古时代。

中国现存最早的史书，编撰于战国时期的《尚书》（夏书·禹贡）写道："淮夷蠙珠暨鱼。"淮夷是指江淮一带的渔民，蠙是蚌的别称。换句话说，就是夏禹统治时期，江淮一带的渔民将蚌珠（珍珠）与鱼作为贡品。夏朝（约公元前2070年—约公元前1600年）第一代君主是禹，生活在距今4000年以前。可以推定，早在4000年前就有泗水的采珠人，并把珍珠作为饰品供奉给朝廷。

广西合浦是历史悠久的天然珍珠产地。《后汉书·循吏列传》载："（合浦）郡不产谷实，而海出珠宝，与交阯比境，常通商贩，留籴粮食。先时宰守并多贪秽，诡人采求，不知纪极，珠遂渐徙于交阯郡界。于是行旅不至，人物无资，贫者饿死于道。尝到官，革易前敝，求民病利。曾未逾岁，去珠复还，百姓皆反其业，商货流通，称为神明。"

原文大意是：合浦郡中不产粮食，而海里产天然珍珠，因为同交阯相邻，常常互相通商，购买粮食。原来的官吏大多贪腐，乱采珠贝，没有尺度，弄得珠贝空乏，采珠人不得不迁徙到邻近的交阯海域。这样一来，行商人没有买卖做，人员物资变得短缺，许多百姓饿死路旁。孟尝任合浦太守后，革除弊端，不准乱采。不到一年，珠贝繁衍，百姓又重新从事自己的本行，商品货物开始流通，孟尝被誉为神明之人。

成语"合浦珠还"源于上述史实，比喻人去而复回或物失而复得。

唐朝刘恂著《岭表录异》（卷上）载："廉州边海中有洲岛，岛上有大池。每年太守修贡，自监珠户入池，池在海上，疑其底与海通。又池水极深，莫测也。如豌豆大者常珠。如弹丸者亦时有得，径寸照室，不可遇也。又取小蚌肉，贯之以篾，晒干，谓之珠母。容桂人率将烧之，以荐酒也。"廉州是合浦的古称。从上文可以了解到早在唐朝，合浦珠户不但潜水采珠，又将蚌肉晒干后作为保存食品加以利用。

宋朝蔡绦著《铁围山丛谈》（卷五）载："合浦珠大抵四五所，皆居海洋中间。……凡采珠必蜑人，号曰蜑户，丁为蜑丁，亦王民尔。特其状怪丑，能辛苦，常业捕鱼生，皆居海艇中，男女活计，世世未尝舍也。"文中可知，合浦采珠人不分男女，都是生活在海艇中的蜑人。

宋朝范成大（1126—1193）著《桂海虞衡志》，对于合浦珠民的悲惨遭遇进行了鲜明的描述。文中写道："蜑，海上水居蛮也。以舟楫为家，采海物为生，且生食之。入水能视，合浦珠池蚌蛤，惟蜑能没水探取。榜人以绳系其腰，绳动摇，则引而上。先煮氄衲极热，出水急覆之，不然寒栗而死。或遇大鱼蛟鼍诸海怪，为鬐鬣所触，往往溃腹，折支，人见血一缕浮水面，知蜑死矣。"

合浦珠民，蜑同蜑。榜人指船夫，是采珠人的副手。氄衲为粗布衣，用来防寒。蛟鼍是指鳄鱼或鲨鱼等凶猛的肉食鱼。鬐鬣是大鱼的脊鳍。蜑民以舟为家，采集海物为生，并且喜好生食。蜑民没有属于自己的土地，他们漂泊荡漾，四处奔波，长此以往形成了蜑人的生活习俗。蜑人命苦，为了采集生长在蚌蛤内的天然珍珠，他们有的被冻伤或冻死，有的被大鱼溃腹，断肢或命丧水中。每一颗璀璨，每一簇芳华需要多少个牺牲作铺垫，合浦珠民的血泪历程就是一个真实的写照。

明朝科学家宋应星著《天工开物》（1637 年），这是中国古代的一部百科全书。《下篇·珠玉》中详细记述了在廉州（广西合浦）和雷州（今广东雷州）沿海一带的两处珠池采珠的蜑民。

《天工开物》蜑户采珠的情景图

"蜑户采珠，每岁必以三月，时牲杀祭海神，极其虔敬，蜑户生啖海腥，入水能视水色，知蛟龙所在，则不敢侵犯。凡采珠舶，其制视他舟横阔而圆，多载草荐于上。经过水漩，则掷荐投之，舟乃无恙。舟中以长绳系没人腰，携篮投水。凡没人以锡造弯环空管，其本缺处对掩没人口鼻，令舒透呼吸于中，别以熟皮包络耳项之际。极深者至四五百尺，拾蚌篮中。气逼则撼绳，其上急提引上，无命者或葬鱼腹。凡没人出水，煮热毳急覆之，缓则寒栗死。"

译文：水上居民蜑户采珠，每年必须赶在3月。采珠季节来临时，杀牲畜祭祀海神，极其虔诚。蜑户生吃海鲜，入水能视水色，知道鲨鱼的所在，便极力避开。采珠船比其他船只宽而圆，并载有许多草垫。经过漩涡时，将草垫投掷其中，船便可以安全通过。船上人用长绳系住蜑户的腰部，蜑户携带珠篮跳入水中。为了便于呼吸，入水前需要在口鼻上罩住锡制弯形空管，并用软皮带固定在耳项之间，蜑户有的最深可潜到水下四五百尺，将蚌捡到篮子里。呼吸困难时就摇晃绳子，船上的人得到信号后尽快拉绳拽人，命薄之人就会葬身大海成为鱼食。

蜑户出水后，需要及时将煮热的粗布衣披在身上，如果迟缓就会冻死。

从《天工开物》蜑户采珠的图中我们可以看到，蜑户口鼻上罩着的锡制空管不是很长，如果太长肯定会妨碍潜水。依照《天工开物》中的说法"没人入水前需要在口鼻上罩住一个锡制空管，是为了便于呼吸。"但是在此，我们不得不产生怀疑：当没人潜到四五百尺深的水下采集蚌珠时，罩在口鼻上的小小锡管是如何发挥它的作用的？只要我们稍加分析就可以看出，没人口鼻上罩着的小小锡管绝对不是什么给氧设备或是便于呼吸的工具，而是为了防止没人在水中把采到的珠子吞到肚里的一种防御口罩。就像鱼鹰捕鱼时渔夫会在它的脖子上捆绑一条绳子，小鱼可以吞进肚里，大鱼则要进献给渔夫。蜑民，如同被捆绑的鱼鹰，同是人类，却过着非人的生活。

宋应星又在《天工开物·珠玉》中提到："凡蚌孕珠，即千仞水底，一逢圆月中天，即开甲仰照，取月精以成其魄。中秋月明，则老蚌犹喜甚。若彻晓无云，则随月东升西没，转侧其身而映照之。"文中，形象地把蚌进行了拟人化的描述。蚌中之珠如腹中胎儿，在圆月的映照下，张开贝壳接受月光的精华。中秋明月则喜出望外。无云之夜，就随着月亮的转动而移动贝体，以获得月光的映照。说明了珠贝映月成胎，感月生珠之理。

珠，《说文解字》蚌之阴精。从玉朱声。可做饰品，亦可入药。

《淮南子·说林训》载："明月之珠，蚌之病而我之利。"明月之珠虽然是蚌蛤的病害，却是我们的利益所在。"蚌病成珠"，如果没有经历病痛或苦难，则无法更深地领悟生命的价值。

珍珠，梵文称 mukta，有解脱和自由的含义。生命的修行是为了解脱而获得自由，或者有一小部分经过磨难而物化成结晶。珠贝中夹杂的异物（如沙尘、贝片或寄生虫的尸骸）如果没有及时排到体外，就会影响贝体的正常生活。珠贝为了自我防卫，减少异物对自身的刺激，便把用来制造贝壳的分泌液附着在异物的体表。随着珠贝的成长，异物的表面也会被层层包裹，形成与贝壳同一性质的结晶体。这一结

珠贝与珍珠

珍珠饰品

晶体就是珍珠。所以说，珍珠是母贝在经历疼痛和自我修复过程中的副产物。

珍珠号称世界最古老的宝石，在西方国家常与钻石作为阴阳匹配。

美国矿物学家George F. Kunz（乔治·弗雷德里克·昆茨，1856－1932）著《The Curious Lore of Precious Stones（珍奇宝石的传说）》（1913），文中写道："The diamond is to the pearl as the sun is to the moon, and we might well call one the 'king—gem' and the other the 'queen—gem.' The diamond, like a knight of old, — brlliant and resistant, is the emblem of fearlessness and invincibility; the pearl, like a lady of old, —pure and fair to look upon, is the emblem of modesty and purity."（P69）

译文："钻石与珍珠相比如同太阳和月亮。我们很容易称呼其中一个是'宝石帝王'，另一个是'宝石女王'。钻石像老骑士一样，辉煌且耐久，是无畏和无敌的象征。珍珠却像老淑女，显得优雅而端庄，是谦逊和纯洁的象征。"

从遥远的古代，人们往往把钻

石比作王权和太阳，而珍珠则赋予了王妃和月亮的美德。这种一阴一阳的稀世宝石不仅象征权力、富裕，并意味着永恒与再生。珍珠之光可以说是阴之精华。

珍珠，晶莹剔透、奇光异彩、圆润饱满。不管是活在淡水还是大海里的珠贝，在变化无常的水中世界里，如果有一颗小小的异物有意无意地侵入体内，就会反复分泌含有钙质的液体，并形成珍珠层，每一毫米约有 2,500 层结晶包裹在同心圆上。由于每一颗贝体在不同的水质环境中所分泌的色素不同，结晶体所发出的光泽也各不相同。珍珠的色泽是由珠贝分泌的色素和珍珠层的光亮而决定。世界上的珍珠主要有白色、金色、银色、粉色、紫色、红色、绿色、黑色等。

珍珠的主要成分是碳酸钙，自古以来又被当作药材而用。有关珍珠的药用价值，明朝李时珍著《本草纲目》(介之二) 载"镇心。点目，去肤翳障膜。涂面，令人润泽好颜色。"并指出"真珠入厥阴肝经，故能安魂定魄，明目治聋"。

蜑人与珍珠的关系就像蔡绦 (宋) 在《铁围山丛谈》中写的那样"凡采珠必蜑人"。英文中的 pearl diver (采珠人) 也是源于珍珠与潜水人的关系。现在，日本伊势志摩的大街小巷到处都是珍珠店。尽管珍珠产业已经不像日本高度成长期那么红火，可是透过蜑人采珠的史实我们不难想到日本与中国，尤其是与中国古代的南方族系的"蜑人"有着不可分割的关系。

2　日本人的生食文化

日本人喜欢生食。除了鱼肉和贝类的刺身之外，还包括鸡肉（鸟刺）、马肉（马刺）、牛肉（牛刺）、生肝、生鱼卵、生鸡蛋等。

记得刚来日本时，在其他留学生的劝慰下，我第一次品尝了生鸡肉，吃惊不小。还有一次，到日本人家做客。席间，日本人将生牡蛎夹给我，说好吃又有营养。我不好拒绝，一口便把偌大的生牡蛎放入口中，我想吐，可是又不能失礼，所以没有经过咀嚼就将滑嫩的牡蛎直接咽进了肚里。从那之后，有很长一段时间，我对生牡蛎产生了一种恐惧的心理。

当我来到伊势志摩后，在这片海人生活的地域吃生食的机会也变得越来越多。2008年夏天，在鸟羽市答志岛第一次生吃了陌生海女递给我的鲍鱼肉，感觉像吃海草一样。2010年在鸟羽市神岛，海女把刚刚打捞上岸的3只大海螺用石头敲碎后送给我吃，我被惊呆了。

我在采访诸多海女的过程中，得知海女们在海边生吃自己打捞上岸的海鲜是一件很平常的事情。为了接触和采访海女，我不惜花费养家糊口的薪水在海女经营的民宿里吃住。海女民宿的晚餐往往都是满桌的生猛海鲜。伊势龙虾的触角还在动来动去，一看便知，那晶莹剔透的龙虾肉是在龙虾活着的时候被做成了刺身，偶尔还能听到龙虾的叫声。摆在面前的龙虾刺身、鲍鱼刺身、鲷鱼刺身、海螺刺身等生鱼生贝都是海女民宿款待客人的家常便饭。

日本人的餐桌上基本离不开时令食材。时令在日语中称"旬"。一旬为十天，三旬为一个月。日本怀石料理以三旬为基本单位搭配食材，并讲究五色五味和阴阳。有关鱼类最好吃的季节是产卵之前。比如冬天产卵的鱼类，时令为秋天，夏天产卵的鱼类，时令是春天。

刺身（生鱼片）的语源最早可以推溯到《鈴鹿家記》（1399年）中出现的"指身"一词。江户时代编撰的丛书《群書類從》（飲食部）又写成"差味""打身""膾"。另外，书中还有这样一段文字"美物上下之事。上是海物。中是河物。下是山物"。可见，海物在日本被列为最高级的食品。日本人不惜一切代价在海上拓展疆域，其目的之一就是因为海中之物可以换取更多的利益。

中国西汉戴德·戴圣编撰《礼记·内则》中载有"鱼脍"一词。东汉时期的历史学家班固（32—92）编撰的《汉书·东方朔传》载："生肉为脍，干肉为脯。"由此可见，中国古代就有生吃鱼肉的习俗。

脍炙人口这个成语，释义脍和炙（烤）都是人们爱吃的食物。比喻好的诗文会受到人们的赞许和传颂。

日本江户时代晚期的风俗史家喜田川守贞（1810—不详）著《守贞謾稿》（后集卷 1）中第一次出现了"刺身"一词，并介绍了江户（东京）已有专门从事刺身的小店。现在日语中有关刺身的说法，特别是日本的传统饭店或是旅馆里一般使用"御造"来代替刺身一词，原因是为了回避"刺"或"切"等不吉祥的字句。另外，一流的厨师喜欢把饮食文化雕琢成"活生生"的艺术品，所以，加上了头部和尾部的一盘刺身又被称作"姿造"。

日本人喜欢生食的习惯应该源于漫长的绳文时代（公元前 12000 年—公元前 300 年）。绳文时代，人们过着原始的狩猎采集生活，这种生活持续了近 1 万年。如果只局限在海边生活的渔民，就三重县鸟羽市的渔民在 19 世纪末叶依旧半裸着上身，过着半渔半农的渔猎生活。现在，伊势志摩地方还流行着一道传统的主食叫"手捏寿司"（日语称：手こね寿司）。手捏寿司是将鲣鱼或金枪鱼的刺身用酱油腌制后，铺在寿司饭上用手捏制而成。

12000~13000 年前属于冰河期，海

伊势龙虾刺身和鲜鱼刺身搭配的"姿造"

鲍鱼刺身

鲜嫩的生牡蛎

面要比现在低100米以上。日本列岛、韩国济州岛与大陆相连，日本先住民同朝鲜半岛一样受北方族系的影响较多。随着冰河时期的结束，海面缓缓上升，日本列岛同韩国济州岛一样成了四面环海的孤岛。由于海面上升，从南方流向日本方面的海流有一部分通过对马海峡流入日本海。中国东南沿海一带活跃的水上族群经过漫长的时间，有些沿着海流北上，有些则沿着岛礁迁移，在无数个岛屿中安家落户，变成了岛上的先住民。

如今，朝鲜半岛南部沿海、济州岛、日本九州一带、能登半岛、伊势志摩等地生活的海女依然靠原始的潜水渔猎方式捕捞鱼贝，信仰龙神，喜欢生食。这种生活习惯不可能单靠文化传播就会轻易推广，她们的祖先与中国东南沿海的吴越民族有着不可分割的历史情结。

日本新潮社发行的美术历史系列《新潮古代美術館12日本文化の創世記》（1981年）的序言中有一段令人深思的文章。大意是："从北南下的北方系民族与从南北上的南方系民族，或是大陆系民族创造了这个列岛的文化土壤。"换句话说就是，从绳文时代的土器以及更早的石器时代是日本北方先民的草创期。公元前4世纪左右，从南方大陆直接或者通过朝鲜半岛南部移住的人们将稻作文化、青铜器、铁器等传播到日本九州北部一带，后来推广到整个日本。稻作以及金属器文化的传入意味着日本弥生时代的开始。如果绳文时代属于北方文化，弥生时代的稻作文化则属于南方大陆文化，这两种文化在漫长的时间里融合，碰撞，形成了日本独特的生活观。

日本在文字、宗教、艺术等先进文化还没有进入岛国之前，海边的渔民和山里的山民长期过着狩猎采集的生活。狩猎采集的主要特征是，当天捕获的新鲜食物必须要当天吃掉，而且还要保障今后可以继续捕猎维持生活。尽管稻作文化传入岛国，可是日本山峦众多，能够耕种的土地有限。我在日本各地行走，看见过不少在海边种植的梯田，许多日本人既打渔又种稻子。20世纪50年代中期，电冰箱还没有普及到日本大众的家庭时，海边的渔民主要把捕到的鱼贝类在生鲜的时候吃掉、卖掉，或是腌制、晾晒作为保存食品。渔猎文化和耕作文化最大的区别就在于周期的长短。渔民喜欢生鲜食品，农民则需要加工食品。因为，稻子从播种到收割就需要很长的一段时间。

日本江户时代的儒学者伊藤仁斋（1627—1705）著《童子問》（卷之中，第六十七章）中写道："圣人以天地为活物。异端以天地为死物。"如此可见，日本人的世界观里虽然汲取了中国儒学的精髓部分，但更注重现世主义，也就是以"活物"作为衡量价值的标准。

靠山吃山，靠海吃海。日本人吃的很多食物都源于大海。海中的海草、鱼类、贝类、甲壳类以及软体动物都是日本人餐桌上最常见的佳肴。日本人的饮食文化中缺少不了鱼。鱼的吃法主要是生食，另外还有烧烤、烹煮、干制或者是加工成鱼糕、鱼粉等多种调制方法，味道多以清淡为主。日本人的下酒菜"肴"的发音与"鱼"的发音相同，从这里便可以看出日本人对鱼的喜好程度。

日本山地面积占70%以上，森林覆盖率高，并且四面环海，这些都是孕育"生食文化"的天然土壤。

3 鲍鱼、贝、伊势龙虾

日本的伊势志摩自古被誉为"御食国"，也就是美食之国。从奈良时代（710年–794年）到明治时代（1868年–1912年）初期，这里属于伊势国和志摩国。日本最古的史书《古事記》中出现的"嶋之速贽"和《日本書紀》中的"可怜国"（美食国），指的都是今天的伊势志摩。

"贽"是指古代初次拜见尊长时赠送的礼物。可以推断，贽是原始社会中被征服者将食物进贡给征服者的一种服从礼仪。在日本，"贽"泛指供奉给神或天皇的食物。早在奈良时代开始，志摩半岛就隶属于日本朝廷，因为这里盛产各种天然珍贵的海产品，是不可多得的风水宝地。

伊势志摩自古盛产鲍鱼、伊势龙虾、鲷鱼、海参、海胆、牡蛎等多种名贵的海产品。来此度假的日本游客不仅为了祭拜日本祖庙"伊势神宫"也是为了饱尝这里的海鲜。而这些鲜美可口的海鲜多是由当地的渔夫和海女打捞上岸的。

鲍鱼

鲍鱼号称"贝中之王"，是名贵的海洋珍品。中医认为鲍鱼具有滋阴补阳、止渴通淋、养肝明目等功效。日本现存最早的医书《医心方》（984 年）记载，石决明（鲍）为秦始皇寻求不老不死的仙药之一。鲍鱼主食海藻，营养丰富，味道鲜美，属于山珍海味。

鲍鱼的日文汉字有鳆、鲍、鲍老、包鱼、石决明、石厥明、千里光、明目鱼、九孔螺、不老贝、朱子房、蜑人贝、阿波比、阿波美、阿和比等记载。（参考：矢野宪一著《鲍》）"蜑人贝"中的蜑人是指日本的海士或海女。

我国《中医百科》中，有关鲍鱼和鲍壳的称呼还有九孔贝、真海决、海南决、鳆鱼甲、金蛤蜊皮、盘大鲍、毛底决明、光底海决、关海决、鲍螺壳、海决明、鲍鱼皮、生石决、煅石决等。说明了鲍科贝类的重要性以及它的药用价值。

晾晒的鲍鱼

鲍的日语发音是 Awabi。Awa 在日本有多重含义，用汉字代替有阿波、阿和、泡、淡路（地名）、安房（地名）、日轮等文字。阿波指的是海，日轮则代表太阳。也就是说，日语中的 Awa 与海和太阳有关。Awabi 的 bi 在日语中有美、尾、媚的含义。前边加 Tsu（Tsubi）则有开、玉门等字义，泛指女阴。日本民俗学者堀田吉雄著《海の神信仰の研究》中说：Awa 是海，bi（Tsubi）是女子的性器。女子的性器与丰饶、多产有关，是孕育生命的根源。性通神圣，在日本民间信仰中，鲍鱼有女根和海神之意。

烤鲍鱼

伊势志摩盛产天然鲍鱼，主要是由海女潜水捕猎。捕获季节规定在春天和夏天，9 月中旬以后不准采集，因为 10 月至 12 月是鲍鱼的产卵期。另外，三重县还规定 10.6 厘米以下的鲍鱼不准捕获。海女们下海捕鲍时要携带一枚丈量鲍鱼长度的道具。我亲眼看过海女们将打捞上岸的鲍鱼，一个个测量大小，如果小于 10.6 厘米就会被放归到大海。

鲍鱼的吃法有很多。日本人最喜欢生食，然后是烧烤、蒸煮、炖鲍鱼排等。干鲍主要是以保存食品供奉给伊势神宫或作为礼品赠送给亲朋。

干鲍和生鲍

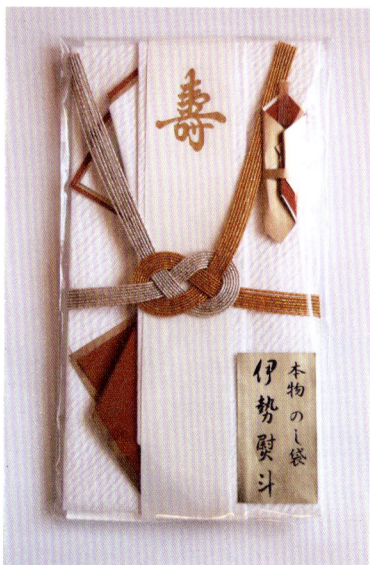

信封右上角的条状干鲍通常被称作
熨斗

日本江户时代实行锁国政策，后来与中国清朝通过九州长崎港进行贸易往来。日本出口的主要海产中有干鲍、海参和鱼翅，被称为"俵物三品"。

干鲍，在日本又称为长鲍或熨斗鲍。日本自古珍重鲍鱼，当作贡品献给朝廷或土地庙。由于过去没有冷冻设备，把鲍鱼肉削成像苹果皮一样的长条后，用竹筒熨平，晾干后可以长期保存或运往外地。鲍鱼有延年益寿的功效，干鲍不仅贡奉给达官贵人，久而久之成为吉祥开运的象征。日本人在结婚、过寿或年中年末给亲朋好友赠送礼品的信封及包装纸的右上角都印有红白图案，中间的黄色部分叫作熨斗（Nosi），过去用六角形的色纸里包有条状干鲍（熨斗鲍），现在一般用黄纸代替。熨斗的日语发音与延或伸相同，有延年益寿和长久之意。海女采到的鲍鱼经过加工晾晒后，不仅成为供奉品，还成为日本喜庆文化的象征。现在唯一保存调制干鲍的御料鳆调制所就在三重县鸟羽市国崎町。

鸟羽市国崎町位于志摩半岛的最东端。在过去，由国崎、神岛、菅岛、答志岛、石镜、相差、安乘共7个村落的海女聚在一起，每年农历六月一日举行传统的采鲍仪式，采集到的新鲜鲍鱼被运往附近的御料鳆调制所进行现场加工，制作成干鲍后供奉到伊势神宫。明治4年（1871），由于神宫制度改革，这个盛大的海女节就此中断。2003年，海女采鲍节相隔130

年再度复兴，之后时断时续。2013年6月29日，为了纪念伊势神宫的"式年迁宫"，7个村落的近100名海女参加了海女采鲍节。相隔3年，为了预祝G7伊势志摩峰会，2016年5月14日上午，近90名海女再一次聚集在国崎町的海岸进行采鲍仪式，并将5000只幼鲍放流到大海。

贝

贝属于带壳软体动物，一般生息在海河交汇的海湾河口或浅滩处。贝类当中，如扇贝、贻贝、蚝、蚌、蛤等属于双壳类，鲍鱼只有单壳，附着在岩礁上生息。贝类无脊椎，善于浮游，它们匍匐、寄生或附着在坚硬的物体上。古代海人分工明确，男人出海打鱼，女人则一边抚育子女料理家务，一边在浅海处采集移动性比较缓慢的鱼贝类。

长崎孔子庙里的赑屃

从远古时代开始，贝不仅是天然珍珠的缔造者，贝壳本身就是财富的象征，或作为装饰品点缀人们的生活。

先秦时期，贝作为原始货币广泛流通，在海洋文化中充当了重要角色。现在我们使用的汉字当中以"贝"为偏旁部首的文字多与买卖流通有关联。比如贫富的"贫"字，分贝必然穷。再如"贺"字，加贝为贺。喜庆节日或晋级升官，人们接踵而来，送钱赠礼，可喜可贺。另外，如财、货、资、账、贷、购、赐、贡、质、贸、贵、赏等不胜枚举。

中国古代传说"龙生九子"，其中的老六和老八分别是赑屃（bixi）和负屃。赑字由三个贝重叠，屃字的繁体是屭，也有三个贝重叠。相传赑屃在上古时代常驮着三山五岳，在江河湖海里兴风作浪，后来被大禹收服，为治水做出了贡献。大禹用心良苦，担心赑屃再次到处撒野，便搬来顶天立地的石碑，上面刻着赑屃治水的功绩让赑屃自己驮着。赑屃的外形似龟喜好负重，后人为圣贤树碑立传，歌功颂德，常把赑屃用作石碑的基座。赑屃又称龟趺，霸下。负屃，传说似龙形，平生好文，石碑两旁或顶端的文龙便是负屃的遗像。赑屃和负屃，一上一下，背负着一个石碑，是不可分割的一对组合。

贝在日语中与"开"同音，暗指女阴。从古代就与月亮、爱、重生、丰饶有密切的关联。

华东师范大学研究员，陶霞波发表的论文《关于商周金文中的"赐贝"及与货币相关问题》中写道："属于殷文化时期（商代早期开始）的各地遗址和墓葬出贝极为普遍，有'口含贝、手握贝、脚置贝、舆载贝'的现象。"作者指出，墓葬出土的贝很难说具有货币意义或是装饰意义，并以文化人类学的角度做出了明确的答复。葬贝的仪式真正体现的是贝的生殖意义。也就是早在先秦时期，中国古人就把贝隐喻成女阴，将葬贝文化引申为一种死后可以重生的赠礼。

古代希腊神话中出现的爱与美的女神，阿弗洛狄忒（维纳斯）是所有女神当中最漂亮的一位。希腊诗人赫西俄德著《神谱》（约公元前730年—前700年）里描绘了阿弗洛狄忒出生于海里的泡沫中。意大利文艺复兴时期的画家桑德罗·波提切利于1484年—1486年间所绘的《维纳斯的诞生》中，女神维纳斯赤裸着身子踩在一个巨大的扇贝之上，仿佛珍珠一样洁白无瑕，亭亭玉立。

扇贝在法文里被称作圣雅各贝，又象征基督教中的朝圣者。圣地亚哥朝圣之路的终点是西班牙圣地亚哥大教堂，也就是安葬耶稣十二门徒之一雅各伯的墓地。朝圣徽章是一枚扇贝，象征雅各伯的重生。贝在西方暗喻子宫，对于一个虔诚的朝圣者来说在行走中忏悔，赎罪，寻找初衷，是修行的本意。扇贝属于大海，意味着死与再生。不管是朝圣、持戒、参拜、巡礼，还是磨练，人生就是不断修行、不断完善心境的过程。

《吕氏春秋·精通》载："德也者，万民之宰也。月也者，群阴之本也。月望则蚌蛤实，群阴盈；月晦则蚌蛤虚，群阴亏。夫月形乎天，而群阴化乎渊；圣人形德乎己，而四方咸饬乎仁。"

释义：德是万民的主宰。月亮是众阴的根本。月亮圆满蚌蛤的肉就充实，属阴之物都会丰饶；月亮昏暗蚌蛤的肉就空虚，属阴之物都会亏损。月亮在天空中改变形状，属阴之物都会随着在深水中变化；圣人修养自己的品德，四面八方的人民就会随着归向仁义。

吕氏借用月亮与贝比喻统治者的德行。君主之德会影响臣民，圣人道德高尚，四方就会随着感化呼应。

伊势龙虾

伊势龙虾是日本海域生息的一种大型龙虾，是日本餐桌上的高级美食。它主要分布在千叶县房总半岛以南至九州近海的太平洋沿岸。从广义上说，同种龙虾在台湾和朝鲜半岛也有生息。伊势龙虾的语源来自地名"伊势"，泛指在三重县伊势志摩海域捕获的龙虾。伊势志摩依山傍海，有星罗棋布的大小岛屿和绵长的海岸线。这里不仅是海女的故乡，也是日本海洋资源丰饶的海域之一。

我生活在伊势志摩已有10年，感受最深的就是这里的海女们从古

伊势龙虾

伊势龙虾供品

配有伊势龙虾的吉祥物

至今坚守着祖辈们遗留下来的潜水渔猎文化。海女夏天打捞鲍鱼，冬天则采集海螺与海参。她们不分严寒酷暑，一年四季辛勤的劳作。

这里的海女告诉我，伊势龙虾的捕获期是从每年10月到第二年4月。5月到8月是伊势龙虾的产卵期。为了保护伊势龙虾的顺利成长，除了渔期以外，平日不准采集。

伊势龙虾栖息在浅海的岩礁处，白天喜欢钻入岩穴中，夜晚出来捕食猎物，属于夜行性海洋生物。伊势龙虾一生中有数十次脱壳现象，再生能力很强。这种频繁的脱壳据说是为了保护自己以便更好地适应环境，并且不被章鱼等其他鱼介类吃掉。伊势龙虾肉质鲜嫩、晶莹剔透，可是它那坚硬的外壳却好像武士的盔甲，威风凛凛。

日本人称龙虾为海老。记得刚来日本留学时，常看到一些弯腰驼背的老太太推着小小的四轮车不紧不慢地走在狭窄的小路上。也许是长年劳累的结果，老太太的背几乎弯成了90度，身后经常有汽车连成了串。我本以为有谁会按一下喇叭警告她快点儿闪开，可是他们的做法却出乎我的意料。平时工作拼命、时间观念极强的日本人居然很默契地等老人走过去之后，才一溜烟似的把车开走。伊势海老那长长的触角和弯曲的身形仿佛就是这些老人的化身。

海老的发音与"偕老"相似，又引申为

"偕老同穴"。"偕老"与"同穴"均出自中国最早的诗歌总集《诗经》，表示白头偕老，同葬一处。"偕老"出自《诗经·邶风·击鼓》："执子之手，与子偕老。"大意是牵着你的手，和你一起白头到老。"子"为你的意思。"同穴"出自《诗经·国风·王风·大车》："谷则异室，死则同穴。"意思是活着时纵然不能相居一处，死后也要同葬一起。誓言怀念，海誓山盟，表达了千古不变的忠贞爱情。

"偕老同穴"又是生活在深海里的一种海绵动物。它呈现圆筒状，直立于海底，周围布满小孔，体长 30~80 厘米。有一种叫俪虾的雌雄小虾从小钻入海绵体中，它们相伴终生，日本称这种小虾为偕老同穴，后来改名为海绵。俪虾的俪指恩爱夫妻，像海绵体中的伉俪小虾一样，终身相守，生死不渝。因此，日本人把龙虾当作吉祥、圆满、长寿的象征物，在结婚庆典或是过年过节，常把赤红色的伊势龙虾当作供品或是装饰品。

在三重县伊势志摩的很多酒店、旅馆和民宿里都可以品尝到新鲜的伊势龙虾。伊势龙虾的吃法有很多，有生食、烹煮、烧烤（又称残酷烧）等。刚打捞上岸的天然龙虾不仅味美，还含有丰富的蛋白质、矿物质和维生素 A、维生素 C 等营养成分。

俗话说靠山吃山，靠海吃海。为了感谢海洋和自然赋予他们的这种恩惠，志摩市于 1961 年开始创办了伊势龙虾节，日语称伊势海老祭。伊势龙虾节于每年 6 月的第一个周六举行。

2010 年，我初次观看了伊势龙虾节。志摩市滨岛町位于志摩半岛的南端，与美丽的英虞湾和浩瀚的熊野滩相接。从鸟羽市开车到节日现场需要近 1 个小时。节日当天，志摩市滨岛町天气飒爽，海边人山人海。傍晚，由 850 多人组成的队伍在鼓声、笛声和日本三弦的伴奏下沿街起舞。他们不分男女老幼，像无数只欢快的小虾一样跳着虾舞聚集在海岸的中央。当年轻的男队和女队分别抬着 5 米和 3 米长的龙虾神舆在场内旋转时，伊势龙虾节达到了高潮。最后就连围观的群众也忍不住加入到欢歌笑语的队伍中跳了起来，整个海岸在初夏的夜风

志摩市伊势龙虾节

海女正在摘取挂在网上的伊势龙虾　日本三重县鸟羽市

中燃烧成一片。

志摩半岛的伊势龙虾捕获期是从每年的 10 月到第二年的 4 月。

清冷的冬天，我常常在太平洋沿岸抓拍海上日出。当太阳升起后，海边的渔港变得富有生机。一条条渔船满载而归，渔夫和海女们默默无闻地铺开渔网，从网上摘取一颗颗硕大的伊势龙虾，当我小心谨慎地靠近时，海女们并没有拒绝我拍摄她们劳作的情景。如果仔细观察，除了伊势龙虾之外网上还挂满了其他的鱼类，偶尔还可以听到伊势龙虾的尖叫声。

生活在异乡，偶尔品味渔家的饭菜，基本都是原汁原味。伊势志摩的土壤，就像这里固执的渔民，在大海的怀抱下与自然相携相伴，编织着和谐的生活，形成了独特的文化。天长日久，我也沉浸其中，变得简单、执着。

4 即将消逝的海女

2014 年 10 月 16 日清晨，我像往常一样翻开报纸。映入眼帘的是日本各家报刊醒目的大标题"鸟羽志摩的海女，四年间减少 200 人"。我仔细地翻阅每一份报纸，最突出的原因是海女高龄化和海产品的减少。

根据三重具鸟羽市"海洋博物馆"的调查，鸟羽市与志摩市的海女从 2010 年的 973 人减少到 761 人（2014 年 10 月），平均年龄为 65.3 岁。1949 年海女人数为 6,109 人。海女剧减的原因主要是因为老龄化和后继者不足，还有海产品的收获量减少的缘故。如 1966 年时，三重县的鲍鱼产量是 752 吨，而 2012 年减少到 49 吨。日本现有约 2,000 名海女，分布于 18 个县。三重县伊势志摩是日本海女人数最多的地域，如此剧减引起了各方的注意。海女文化是海洋文化的一个组成部分，徒手潜水的渔猎文化已经延续了上千年了。这种自给自足的

海女们下海的情景　　日本三重县鸟羽市

　　劳动方式尽管原始，却有益于海洋环境的可持续性发展。由于近代化的大量生产和饱食社会的无节制摄取，自然遭到了人为的破坏，许多天然资源正在面临无可挽回的局面。靠海为生的海女文化，也是其中的一部分。

　　日本医学博士额田年（1906—1992）著《海女：その生活とからだ》中写道："1956年日本全国海女人数为17,611名。其中三重县有7,213名，千叶县有2,243名，福井县有2,053名。"书中详细地介绍了当时的海女人数。其中仅从三重县伊势志摩的海女来看，从1956年到2014年的将近60年里减少了大约90%。按照这种方式递减下去，再过30年，日本海女可能会面临消失。我采访过的海女当中，有些人是这样回答的："只要有海，这里就会有海女。"但愿海女们说得没有错。

　　浦口楠一著《志摩の海女写真集》中写道："1958年、1959年的时候，志摩市和具海边经常可以看到10多名中学生在做潜水打捞的练习。现在（1980年），90%以上的人都选择读高中，志摩町内十代海女一个人也没有了。二十代的海女在各个地区只有一至三人。"1980年代是日本经济高度成长时期，也就是时代发生巨变的时期。

海，不停地流动。在历史的长河中，靠海为生的"水上人"乘风破浪，跨越国界，在海边安家直到今天。

海，不仅是人类生活的场所，也是人类进行生产，贸易，传递文化的航道。直到100年前，日本海女还赤裸着上身下海打捞，即使在孕期中也没有停歇。她们的孩子有的在船上诞生，有的在沙滩上诞生。刺骨的冬天，刚刚降生的婴儿全身发紫，因为母亲直到孩子出生的前一刻还在冰冷的海水中打捞。一位老海女告诉我，尽管孩子在母胎中被冻伤，但是过不多久又会恢复到正常。渔家的人呐，为什么命那么苦？一边照顾男人，料理家务，还得不分白天黑夜的劳作。

海，对一般人来说属于异界，那里没有呼吸、没有语言，有的只是沉默，可是对于海女来说，海是她们自由驰骋的世界。有些海女跟我说，生活中遇到不顺和难言的苦衷时，大海是唯一可以获得解脱的地方。在湛蓝的海水中可以自由地伸展四肢，还可以捕捉藏在岩礁缝隙当中的贝类，那里像是她们的真正归宿，生死同在。

古代的蜑女或潜妇，属于最下等的族群。她们像野蛮人一样，赤身裸体，大声喧哗，无拘无束。她们尽管没有读多少书，可是有关海里出产的品种却如数家珍。不仅如此，她们一代一代将海洋文化传播至今，海洋学家们也常常要靠她们的口传来收集海中的学问。

原始、野性、奔放的海洋民族从亘古以来，在茫茫人海中开拓疆域，可是在文明、饱食、便利的时代，海女们渐渐地从历史的舞台上消失，取而代之的是人工、温室、机械化时代的大量生产和网络化带给人们的无尽诱惑。传统文化如果不加以呵护，人与自然、人与祖先、过去与未来不仅会产生脱节，未来的生命也有可能会变得黯淡。

5 生命的源流

地球诞生于约 46 亿年前，那时地球还属于熔岩爆发、地表荒漠的状态。约 40 亿年前，原始大气中含有的水蒸气由于地表温度的降低，通过降雨而逐渐形成了原始的海洋。原始海洋几乎都是淡水，经过无数次的降雨和冲刷，地球表面的矿物质一点点融进了大海，生命诞生的各种元素逐渐在海中沉淀。

一亿年、两亿年……经过浩渺的时空变迁，原始大气中的甲烷、氨和水蒸气逐渐分解成氧气、二氧化碳、氮气，从而形成了现在的大气。

约 36 亿年前，在太阳、大气和水的影响下，海中诞生了最初的单细胞生物，如细菌、藻类等原始生命体。同一时期，陆地上布满了岩石，属于不毛之地。生命若在陆地上扎根存活，需要大气中的臭氧层

太平洋海岸

来抵御有害的紫外线照射。海中的藻类通过光合作用不断将氧气释放到大气当中，逐渐形成了臭氧层。臭氧层就像地球的天窗，吸收有害的紫外线，从而使生命具备了在陆地上生存的条件。

约7亿年前，海中诞生了无脊椎软体动物。如原环虫类、水母等浮游生物。就这样，生命在海水中经过漫长的时间从单细胞到多细胞，从单纯到复杂进行物种的增殖、进化和繁衍。当陆地上具备了生命存活的条件时，海里的藻类开始通过河流向陆地蔓延。植被一点点开始风化岩石，孕育土壤，后来形成绿色的森林。与此同时，海里的动物在缓慢的进化过程中开始从无壳到有壳、无脊椎到脊椎、鱼类、两栖类，形成了多种多样的生物群。

约3亿年前，陆地上开始出现了爬虫类。之后是哺乳类、鸟类。原始人类诞生于距今200万年前。约1万年前，人类才开始农耕畜牧，步入了文明社会。

人体中有60%是水分。胎儿约90%，儿童约70%，成人约60%，老人约50%。随着年龄的增加，人体中的水分相应减少。可以说，生命中缺少不了水，因为生命的母亲就是海洋。当我们来到海边，观看蔚蓝的大海，倾听海的声音，会感到无限的慰藉。就像《大海啊故乡》中唱得那样："小时候妈妈对我讲，大海就是我故乡，海边出生，海里成长。"

地球表面的海洋面积约占71%。水深平均3,800米，陆地高度平均只有840米。如果把整个陆地投放到大海里铺平，地球就会成为水深约2,700米的海洋星球。海洋的90%是属于黑暗的世界，因为对大多数人来说，从海平面到水深200米的可视范围被认为是海。水深200米以下的世界属于黑暗的世界，可是就在那黑暗的海水中依然有许多生命在繁衍。

日本工学者后藤忠德著《海の授業》（2013年）中写道："水深1米左右，由于太阳光的照射，海水是透明的。水深10米处是碧蓝色。50米深是青色。100米附近是暗青色。150至200米是漆黑的。"

这段叙述是作者亲自乘坐潜水调查船所看到的情景。作者继续写道，生活在水深 100 米至数百米的深海鱼是红色的。更深处的鱼，或黑或白。因为太阳光几乎无法到达，什么颜色已经无关紧要了。

提到黑暗的世界，水深 4000~6000 米的海水占海洋面积的 70% 以上。海水最深处位于菲律宾东北处的太平洋马里亚纳海沟，水深 11034 米，是地球的最深点。地球的最高点是珠穆朗玛峰，海拔为 8848 米。可以看出，海洋的面积从深度和广度都远远超过了陆地。

就像人体中的血脉一样，所有的生命都在流动着。河流从高山流入低谷，最后汇流大海。大海也在不停地流动，称作海流。海流不像河流那样清晰可见，属于平面流动。造成海流的最主要原因就是来自太阳的热量，然后是地球的自转、季节风和海水的密度。从赤道流向两极的叫暖流，从两极流向赤道的叫寒流，暖流与寒流交汇的海域通常是鱼类比较集中的天然渔场。世界上比较大的海流通常有 100 公里宽，水深 200 米左右，中心地带的时速约 10 公里。海流如果发生异常，会导致气候变动、农作物受灾，死亡也会随之降临。海流就像海上的河川，经过数万年、数亿年，自从海洋诞生开始就一直在流动，孕育生命，并将生命运往数千或数万公里处。海洋就像伟大的母亲，包容着每个地域、每一个细小的存在。

伴随着近代化的进程，人类开始追求自身的便利与富足，周边的森林被开垦成农田，牧场或工厂。摩天大楼、不夜城、人工建筑，加上无止境的消费、浪费和排泄，自然空间变得萎缩，环境开始变异，生命的伦理遭到史无前例的践踏。

人，本来是自然界的一个成员，现在却成为自然界的主宰，任意将有毒害的化学物质流入河川和大海，忘乎所以地践踏生命的母体。即使是没有毒害的垃圾大量投入海水中，也会导致浮游生物的大量繁殖，海中因为极度缺氧会出现鱼贝死亡的现象。工业污染、核电站的温排水会导致水温升高，不能自由移动的浮游生物和植物群只能等死。最可恨的是，基因改造食品正在悄悄地进入人们的生活当中。所谓的基因改造食品就是利用现代分子生物技术，将某些生物的基因转移到其他物种当中去，使不同的物种之间进行人为的交配，使其在形状、营养、品质等方面按照人类所需要的目标而转变。

20世纪是人口膨胀的世纪。从人类诞生到19世纪初，世界人口一直保持在10亿人以内。产业革命后人类开始猛增。1900年世界人口约16亿人，1999年人口增加到约60亿人。在这100年时间里人口增加了近44亿。2015年世界人口已超过70亿人。如今，科技化、标准化、网络化正在全球范围普及，可是贫困化、温暖化和环境恶化也在相应地扩散。

人口膨胀和技术的革新，促使地球之肺——森林正在不断的遭受破坏，森林本身所具备的调温能力和储水能力开始变弱，野生生物的家园变得荒芜。森林面积的减少和人类消费能力的增强，导致空气中的二氧化碳开始增多，温室效应使得全球气温升高，地球的天窗——臭氧层开始漏洞，紫外线的杀伤力变得越来越强。

每个人的生命都来自母亲，在母亲的体内依靠羊水抚育成长。羊水就像洋水，成分相似。短短的10个月，小小的生命仿佛在太古的海洋世界里孕育、成长。能够感受海水的干满，是女性的本能。人体中流淌的血液与海水的成分及比重极为相近。比如，血液中的盐分是海水的约三分之一。除了盐以外，血液中的营养成分与海水几乎类似。最令人惊讶的是，血液中的钠和钾元素与海水中的比重完全相同。（参照：佐佐木忠义著《海－そのすばらしい世界》）

大海是生命的原乡。海洋和陆地是孕育生命的母体。所有的生命都是宇宙中的匆匆过客，来了就有归去的那一天，人们称其为死。多数人忌讳死，可是我们拥有的一切都是从无数个死亡、牺牲和遗迹中堆积而成的。我们只能继承一些，留下一些，绝不应践踏先人遗留下来的物质或非物质遗产。不管是主流、支流、末流还是不入流的异类，不能因为强势就可以无止境地开发、占有、破坏或是铲除。

生活在海陆之间的海女是海洋民族的末裔，属于原生态文化。如今，多数人都迷恋在掌心大的网络世界中，海女们却依然靠徒手潜海捕猎，维系最古老的生活方式。如果用现代技术捕捞鱼贝，海里的宝藏会消失得越来越快，海女一词迟早会成为死语。不管是亘古以来的蜑民还是现在的海女，她们就像海里的鱼介一样有一种不变的特性。世界在剧变，可是不变也有不变之理。

如今，传统、境界与土俗被近代文明驱逐得满目疮痍。以人为本的价值观总会有饱和的那一天。呵护海女文化不仅是为了挽救原生态文化，同时也是为了思索海洋、环境与人类未来的事情。

结　语

自从 1998 年我来日本自费留学，后来又到三重县鸟羽市工作，不想竟和日本的民俗文化产生了不解之缘。为了收集最真实的第一手资料，我利用几乎所有的假日和微薄的收入到各地去考察、采访。1 个月的假日只有 8 天，我不得不白天黑夜，马不停蹄地奔波。即便如此，时间也总是不够用。

在日本的民俗文化中，海女文化一直是我关注的焦点之一。日本的繁荣借助于海，日本的城市集中在海港，日本的物资文化离不开海。海上航路就像河流一样，源源不断地纳入新鲜的养分后循环往复，有迹可循。日本把"海""天""海人""海女""蜑""白水郎"统称为"AMA"，这个发音与"阿妈"相同，又与韩国的"阿妈妮"相似，每次见到高龄海女，就会联想起自己的母亲。

有关海女文化是从 2010 年 6 月，第五次踏上三重县鸟羽市神岛之后开始着手的。在收集海女资料的过程中，发现有关海女的文献少得可怜。在我看来，这是在历史和文化角度上对"水上生活者"的忽视。长期以来，水上族群遭受陆地人的排挤和歧视，这更激发了我对海女文化的关心。收集海女资料的过程也是记录自己在异乡的磨难和刻骨铭心的伤痛。

采访海女并非易事。作为一名中国人，需要长期的忍耐。尽管在日本生活了许多年，但是旅居日本的中国人遭受日本人的排斥是不争的事实。

2016 年 12 月 1 日（当地时间 11 月 30 日），在埃塞俄比亚首都亚的斯亚贝巴举行的联合国教科文组织保护非物质文化遗产政府间委员会第11次会议上，正式将韩国济州海女文化列入人类非物质文化遗产名录。

日本也不甘落后。2017年3月3日，"鸟羽·志摩的海女渔猎技术"被指定为日本国家重要非物质民俗文化财产。我想，日本的海女文化是否能够列入人类非物质文化遗产名录，只是时间的问题。

尽管海女文化日益受到世间的重视，可是海女们赖以生存的海洋与生态环境正在遭受前所未有的破坏。

文明与野生是属于两个对立的概念。近代文明的本质是人类欲望的扩张，它最显著的特征是工业化、城市化和物质文明的发达。活在喧嚣的都市，将小小的自我埋没在商品，货币和物流包裹的灰色钢筋水泥垒砌的空间里，却不知物欲的膨胀只会杀戮更多无辜的生命。那些血淋淋的生命看似与自己毫不相干，可是创造每个"人"的细胞是从地球最初诞生的"单细胞"经过了漫长之旅后的直接继承者。生命是一种连带。文明，一旦将野生和自然驱逐到角落里，生态系将会发生异变，生命共同体中的天灾人祸将会愈演愈烈，物种的灭绝最后会蔓延到人类自身。

2017年6月

参考文献（中文）

《诗经》（《邶风·击鼓》《国风·王风·大车》），前 11 世纪至前 6 世纪

老子《道德经》，春秋

《左传·成公十三年》，春秋

《尚书》（夏书，禹贡），战国

《吕氏春秋》（季秋纪，精通），战国

《论语·为政第二》，东周

司马迁《史记》（卷六，卷一百一十八，卷一百二十九），西汉（前 91 年）

《淮南子·原道训》，西汉

戴德·戴圣《礼记》（内则），西汉

赵晔《吴越春秋》，东汉

《越绝书》，东汉

班固《汉书》（卷六十五，东方朔传），东汉

王逸《楚辞章句》（卷三），东汉

陈寿《三国志》（《魏书·倭人传》），西晋

常璩《华阳国志》（《卷一、巴志》），东晋

范晔《后汉书》（《南蛮西南夷列传》注引《世本》），南朝刘宋

任昉《述异记》（卷上），南朝梁

元稹《送岭南崔侍御》，唐诗

刘恂《岭表录异》（卷上），唐

乐史《太平寰宇记》（岭南道一、广州），宋

苏轼《十一月二十六日松风亭下梅花盛开》，宋诗

庞元英《文昌杂录》（卷一），宋

蔡绦《铁围山丛谈》（卷五），宋

范成大《桂海虞衡志》（志蛮），宋

周去非《岭外代答》（《卷三、蜑蛮》），宋

罗愿《尔雅翼》（卷二十八），宋

金履祥《资治通鉴前编》（卷十八、12），宋

陶宗仪《辍耕录》（卷十），元（1366 年）

刘基《郁离子》（九难），元末明初

叶子奇《草木子》，明朝

李时珍《本草纲目》（介之二、真珠），明（1596 年）

王圻，王思义《三才图会》（人物、十三卷），明（1609 年）

宋应星《天工开物》（下篇、珠玉），明（1637 年）

邝露《赤雅》（卷上），明朝

屈大均《广东新语》（第二十二卷、鳞语），清朝

陆次云《峒溪纤志》，清朝

赵学敏《本草纲目拾遗》（卷十、虫部），清（1765 年）

阮葵生《茶余客话》（卷二十、淡菜），清（1771 年）

郑祖庚撰《闽县乡土志》版籍略一（人类），清（1903 年）

徐珂《清稗类钞》（种族类），清末民初

吴水田《话说疍民文化》广东经济出版社有限公司，2013 年

陈仲玉《谈马祖列岛的『曲蹄』族》论文，2014 年

陶霞波《关于商周金文中的"赐贝"及与货币相关问题》论文，2003 年

郭沫若《行路难》，稻草人书屋网

席居，百度百科网

疍民，百度百科网

George Frederick Kunz《The Curious Lore of Precious Stones》，1913—P69

参考文献（日文）

《万葉集》和歌集，7 世纪后半期到 8 世纪后半期

《日本書紀》卷第十三，奈良时代（720 年）

源順《和名類聚抄》卷第二，平安时代（931 年—938 年）

《色葉字類抄》（卷下、阿、人倫），平安时代末期

《鈴鹿家記》，1399 年

伊藤仁斎《童子問》（卷之中，第六十七章），江户时代

中村惕斎《訓蒙図彙》（卷四、人物），江户时代（1666 年）

《人倫訓蒙図彙》（人倫三），江户时代（1690 年）

《神道名目類聚抄》（卷一、宮社部），江户时代（1702 年）

寺島良安《和漢三才図会》（卷第七、人倫部），江户时代（1712 年）

葦田省甫《志陽略誌》，江户时代（1713 年）

《群書類従》（飲食部），江户时代

喜田川守貞《守貞謾稿》（后集卷 1），江户时代

《三重県水産図解》（卷之四、真珠），1883 年

網野善彦《日本とは何か》講談社，2008 年

岩田準一《志摩の海女》，1971 年

岩瀬禎之《海女の群像 岩瀬禎之写真集》彩流社，2012 年

浦口楠一《志摩の海女写真集》日本カメラ社，1981 年

海の博物館編《目で見る鳥羽・志摩の海女》，2009 年

大場俊雄《あわび文化と日本人》成山堂書店，2000 年

大林太良《海人の伝統》日本の占代 8、中央公論社，1987 年

額田年《海女：その生活とからだ》鏡浦書房，1961 年

木村伊兵衛《木村伊兵衛 昭和の女たち》筑摩書房，1991 年

金栄・梁澄子《海を渡った朝鮮人海女—房総のチャムスを訪ねて》新宿書房，1988 年

康煕奉《済州島 韓国楽園紀行》スリーエーネットワーク，2003 年

後藤忠徳《海の授業》幻冬舎，2013 年

佐々木高明著《日本文化の多重構造》小学館，1997 年

佐々木忠義《海—そのすばらしい世界》NHK 出版，1977 年

司馬遼太郎《耽羅紀行》街道をゆく 28、朝日文庫，1990 年

白井祥平《貝》法政大学出版局，1997 年

《新潮古代美術館 12 日本文化の創世記》新潮社，1981 年

瀬川清子《海女》古今書院，1955 年

高橋千劔破《海と日本人の歴史》河出書房新社，2012 年

高野史男《韓国済州島》中央公論社，1996 年

田辺悟《日本蜑人伝統の研究》法政大学出版局，1990 年

田辺悟《海女》法政大学出版局，1993 年

谷川健一《古代海人の世界》小学館，1995 年

中村由信《海女 – 中村由信写真集》マリン企画，1978 年

萩原秀三郎・萩原法子《神島》井場書店，1973 年

羽原又吉《漂海民》岩波新書，1963 年

福田清一《志摩と朝鮮を小舟で往復した志摩の海女》私家版，2006 年

堀田吉雄《海の神信仰の研究》光書房，1978 年

堀田吉雄《生きている民俗探訪三重》第一法規出版，1981 年

松月清郎《真珠の博物誌》研成社，2002 年

三島由紀夫《潮騒》新潮文庫，1955 年

宮本常一《日本文化の形成》講談社，2005 年

矢野憲一《鮑》法政大学出版局，1989 年

塚本明《『伊勢新聞 』に見る近代の志摩海女：明治・大正期の「海女」の諸相》論文，2011 年

橋本好史《答志の海女たちの朝鮮行き》論文，2009 年

图书在版编目（CIP）数据

海女文化 / 李相海著 . —北京：中国华侨出版社，2017. 10
ISBN 978-7-5113-6580-4

Ⅰ.①海…　Ⅱ.①李…　Ⅲ.①渔民—风俗习惯—日本
②渔民—风俗习惯—韩国　Ⅳ.① K893.132.8 ② K893.126.28

中国版本图书馆 CIP 数据核字（2017）第 218983 号

● 海女文化

著　　者 / 李相海
责任编辑 / 晓　棠
封面设计 / 大燃图艺
版式制作 / 大燃图艺
经　　销 / 新华书店
开　　本 / 710×1 000 毫米　1/16　印张：14　字数：266 千字
印　　刷 / 北京高岭印刷有限公司
版　　次 / 2017 年 10 月第 1 版　2017 年 10 月第 1 次印刷
书　　号 / ISBN 978-7-5113-6580-4
定　　价 / 48.00 元

中国华侨出版社　北京市朝阳区静安里 26 号通成达大厦 3 层　邮编：100028
法律顾问：陈鹰律师事务所　　编辑部：（010）64443056　64443979
发 行 部：（010）64443051　　传　真：（010）64439708
网　　址：www.oveaschin.com　E-mail：oveaschin@sina.com

如果发现印装质量问题，影响阅读，请与印刷厂联系调换